有元葉子

私が食べたい季節の味

この2皿さえあれば。

例えば、外できゅうりサンドを食べると

「きゅうりがもっとたくさん入っていてほしい」と私は思う。

料理はそこから始まります。

つまり感じること、考えること、イメージすること。

きゅうりがたくさんで、カリッ、コリッといい音がする

自分の理想のきゅうりサンドが作れるようになったら、

次は、どうやって食べたらもっとおいしいか、を考える。

献立の組み合わせです。

献立は2品から考えると、組み立てやすいのです。

「これを食べて、次にこれを食べる……」と

口の中で味をイメージしてみる。

「これがあって、隣にこれが並ぶ……」と

テーブルの上の料理の色などをイメージしてみる。

そう、色は大切なキーワード。

緑と白のきゅうりサンドの隣に、

白っぽい料理があるとなんだか寒々しいでしょう？

私だったら、温かい色のお料理を合わせたい。

温かいオレンジ色のパプリカのクリームスープなどを。

色が違うと、お互いの料理が引き立ちます。

色が違うと、味も栄養価も違ってバランスがとれます。

「おいしそう」「きれい」「食べたい」と感じることが

本当は一番大事だと思うのです、私たちの心と体に。

春から晩夏の「食べたい」2皿を集めました。

2色のフリッタータ

緑の野菜のパスタ

緑の野菜のパスタ

「5種類もの野菜のソース。
パスタというよりも、これは野菜料理」

●約4人分
オレキエッテ、小さなペンネなどのショートパスタ
　　計240g
　┌ 水　3ℓ
　└ 塩　大さじ2
スナップえんどう　8本
オリーブオイル　適量
〈緑のソース〉
　┌ ブロッコリー　1個
　│ ロマネスコ　1個
　│ 菜の花　1束
　│ スティックセニョール　1束
　│ 新にんにく　少々
　│ オリーブオイル　適量
　└ 塩　適量

❶緑のソースを作る。野菜と新にんにくはすべて粗く刻み、鍋底を覆うぐらいにオリーブオイルをひいた鍋に入れ、塩適量をふって、ふたをして蒸し煮にする。

❷①が軟らかくなったら、フードプロセッサーにかけて、野菜のかたまりが少し残るペースト状にする。

❸スナップえんどうはすじをとり、塩ゆでして、ザルに上げておく。

❹鍋にお湯（水3ℓ）を沸かし、沸騰したら塩を入れ、パスタを入れて一度かき混ぜ、アルデンテにゆでる。

❺パスタがゆだったら大きなボウルに入れて、②のペーストを2～3回に分けて加えてあえる。器に盛り、開いたスナップえんどうを添える。好みで新鮮なオリーブオイルをかけていただく。

2色のフリッタータ

「春の野原をイメージして
自由な発想の卵料理」

●約4人分
卵　6個
生クリーム　大さじ4～6
パルミジャーノ・レッジャーノのすりおろし　大さじ2
有塩バター、オリーブオイル　各適量
〈きのこのペースト〉※作りやすい分量
　┌ しいたけ　1パック
　│ マッシュルーム　1パック
　│ 黒オリーブ（種を除く）　10粒ぐらい
　│ にんにく　少々
　└ オリーブオイル　適量
〈緑のトッピング〉
　┌ ディル　3本ぐらい
　└ 青ねぎ（あさつき、チャイブなど）　2～3本
パルミジャーノ・レッジャーノ（仕上げ用）　適量

❶きのこのペーストを作る。しいたけ、マッシュルーム、黒オリーブ、にんにくをフードプロセッサーにかけてみじん切りにする。オリーブオイルをひいたフライパンに入れて、じっくりと弱火で炒める。

❷緑のトッピングを用意する。ディルは小さくちぎる。青ねぎは斜めの小口切りにする。

❸卵3個をボウルに割り入れ、生クリーム大さじ2～3、パルミジャーノ大さじ1を加えて混ぜる。

❹鉄のフライパンを熱してオリーブオイルをよくなじませる。バター大さじ1½ほどを入れて弱火にかけ、バターが黄色い泡になるまで弱火で溶かす。③を流し入れ、火かげんに注意しながら、空気が入って膨らんだ部分を菜箸でたたく。菜箸で気泡をたたきながら半熟にする。

❺皿に④をのせ、①のきのこを適量かける。

❻残りの卵3個で同様にフリッタータを作り、②の緑のトッピングを散らす。それぞれの仕上げにパルミジャーノをすりおろし、切り分けていただく。

日本の春のイタリアン。気がつけば
「あら、野菜ばかりだった？」の満足感。

　日本では卵といえば春の素材。春にシャンパーニュやワインを楽しみたいときには、イタリアの卵料理〝フリッタータ〟をよく作ります。

　フリッタータはとても簡単で自由な料理です。

　フライパンを十分に温めて、バターやオリーブオイルを多めにひき、溶いた卵を厚みを少し感じるぐらいに流し入れて、菜箸などでちょっと突っついて。上の面が半熟になれば、もうそれでオーケー。なんでも好きなものをトッピングして、パルミジャーノをすりおろせばできあがりです。レシピを見なくても作れてしまう。

　トッピングはお好きなものでいいですが、季節を感じたいので、ひとつにはディルや青ねぎを散らして春の野原のイメージで。もうひとつはきのこのペースト。イタリアでは卵に黒トリュフの組み合わせが定番なので、トリュフを彷彿とさせるペーストで「これはもしかして……？」と驚いていただく遊び心です。実際、しいたけを使ったペーストはコクがあってとても美味。多めに作りパンにのせて食べたり、パスタのソースにするのもおすすめです。

　とろりとクリーミーなフリッタータが食べたかったら、多めのバターを使い、焦がさないように泡にして、その泡で卵を焼く感覚で作ってください。バターの量を控えたいなら、作らないほうがいいぐらいです。

　もうひと品は菜の花など、うま味のあるアブラナ科の野菜たっぷりのソースであえたパスタ。野菜のかたまりが残るぐらいに粗くつぶしたソースがおいしくて、これはむしろ野菜料理かも。パスタは1種類でもいいけれど、オレキエッテとペンネなどを合わせると食感も見た目も楽しいです。

　目にもおなかにも満足感があるから、気がつけば「あら、野菜ばかりだった？」の春の献立。体の中がきれいになります。

いなりずし

焼き筍と焼き穴子

焼き筍と焼き穴子

「春の到来を噛み締める、
筍の大好きな食べ方」

●約4人分
筍　小3本(中2本)
水　2ℓ
米ぬか　1カップ
赤とうがらし　2〜3本
しょうゆ　適量
生穴子　4尾
粗塩　適量
木の芽　たっぷり

❶鍋に分量の水を入れ、米ぬかを加えて混ぜ、赤とうがらしを加える。筍は皮を2〜3枚はがして、先端を斜めに切り落とし、本体を傷つけないように皮に縦に1本切り目を入れる。

❷筍を①の鍋に入れて火にかける。煮立ったら弱火にし、根元に竹串がスッと通るまで1時間以上ゆでて、そのまま冷ます。

❸筍をよく洗い、皮をむく。表面を割り箸の角でこすってきれいにし、根元は1cm厚さの輪切りに、穂先は縦2〜6つ切りにする。輪切りにした根元は、両面に格子状の切り目を入れる。

❹穴子はペーパータオルで水気を押さえ、ザルにのせて粗塩を多めにふっておく。

❺焼き網を熱して、筍を焼く。強めの火でこんがりと焼き、焼き色がついてきたら、しょうゆを刷毛で塗り、さらに香ばしく焼き上げる。裏面も同様にしょうゆをつけながら焼く。

❻次に焼き網に穴子をのせて、両面に焦げ目をつけて焼き、粗塩をパラパラとふる。半分長さに切って、筍と一緒に器に盛り合わせ、木の芽を添える。

いなりずし

「メープルシロップの
優しい甘味のわが家流」

●12個分
油揚げ　6枚
昆布とかつお節のだし　2カップ
酒　1/4カップ
メープルシロップ　大さじ3
しょうゆ　大さじ2〜2½
米　2カップ
〈寿司酢〉
┌ 米酢　1/4カップ
│ 砂糖　大さじ1½
│ またはメープルシロップ(ゴールデンタイプ)
│ 　大さじ2
└ 塩　小さじ1/3
白煎りごま　大さじ3〜4
新れんこんの赤梅酢漬け※　適量
※赤じそを入れて梅干しを作るときにできる赤梅酢で、湯通しした新れんこんを漬けたもの。

❶油揚げは熱湯にくぐらせて油抜きをし、粗熱がとれたら両手ではさんで水気をしっかりときる。まな板の上に置いて、麺棒や菜箸を転がして開きやすくしてから、四方を切り落とし、厚みを2枚に開く。

❷鍋に①を入れて、だし汁、酒、メープルシロップ、しょうゆを加え、落としぶたをして、水分がほとんどなくなるまで弱火で煮る。煮ている途中でときどき、落としぶたで油揚げをギュッと押して、また落としぶたをして弱火で煮る──を繰り返すことで、味がよくしみる。

❸米は炊く30分前にとぎ、寿司めし用に水かげんして炊き上げる。寿司酢は混ぜておく。

❹炊き上がったごはんに寿司酢を回しかけ、しゃもじで切るように混ぜてなじませる。煎りごまをふりかけて、さっくりと混ぜる。粗熱がとれたら、ごはんをひとつ45gを目安に手にとって、俵形にまとめる。

❺②の油揚げの汁気をきり、内側を上にして置き、④のごはんを端に置いて、くるくると巻く。器に盛り、新れんこんの赤梅酢漬けを添える。

光のどけき、うららかな日に
筍とおいなりさんで春がきたお祝い。

　寒くて暗い冬が明けると、空気がふわっとゆるんで、木の芽が芽吹き、山にも海にも春が訪れる。日本の四季の中でも、冬から春への移り変わりはドラマチック。食べるものも大きく変わります。

　3月のまだ少し肌寒いころの走りの筍は、ひときわ軟らかくておいしい。見かけると買わずにいられません。春のしるしを大事に抱いて帰り、すぐにことこととゆではじめます。

　筍は買ってきたら時間をおかずに、すぐにゆでることが大事。鮮度がものを言うのです。ゆでて水につけてさえおけば、筍ごはんに若竹煮、食べたい料理をゆっくり作ればいいのです。

　なかでも私が好きなのは、ゆでた筍を網でこんがりと焼き、しょうゆを塗る食べ方。味つけはしょうゆのみ。そのほうが筍の甘さが引き立ちます。

　一緒に盛り合わせるのは、これも大好物の焼き穴子。筍の味つけがしょうゆだから、穴子は塩だけで。山のものと海のもの、そこへ木の芽の香りをふわっと添えると、「和食はやっぱりいいわね」と思います。

　おいなりさんも大好きです。うちのは砂糖ではなく、メープルシロップの穏やかな甘味で作るので、辛党にも好評です。おもてなしには、油揚げを筒形に巻いて、ちょっと改まった感じを出します。

　きれいなピンク色の酢ばす（酢れんこん）は、梅干しを作るときに出る梅酢で漬けたもの。私の育った家では母が毎年梅干しを漬けていたので、酢ばすやはじかみ（谷中しょうがの甘酢漬け）といえばこの色。大人になって、真っ赤なものを見たときは驚きました。

　もしも高知産などのすじのしっかりとしたセロリがあったら、スーッとひいたすじで、いなりずしを結んでみてください。すごくかわいいですよ。

アボカドとそら豆と牛肉のあえもの

クルミ入りのきんぴら

クルミ入りのきんぴら

「ごぼうのシャキッ、クルミのコリッ。
あとからあとから手が出るおいしさ」

●約4人分
新ごぼう　2〜3本
太白ごま油　大さじ1
酒　大さじ2
しょうゆ　大さじ1½〜2
赤とうがらしの小口切り　1〜2本分
メープルシロップ（ゴールデンタイプ）　大さじ1½〜2
〈クルミの甘辛炒め〉
┌ クルミ　2/3カップ
│ 太白ごま油　大さじ1
│ しょうゆ　大さじ1
│ メープルシロップ（ゴールデンタイプ）
└ 　大さじ1½〜2

❶クルミは大きいまま、太白ごま油をひいたフライパンでカリッと炒める。しょうゆ、メープルシロップ（ゴールデンタイプ）をからめて、甘辛のしっかりとした味をつけておく。

❷ごぼうはタワシで洗い、斜め薄切りにしてから、細いせん切りにする。水に5分ほどさらして、水気をきる。

❸フライパンを熱して太白ごま油をひき、ごぼうを炒める。強めの火で水分を蒸発させるように炒め、油がなじんだら、酒、しょうゆ、赤とうがらしを加えて、メープルシロップを少しだけたらす。菜箸で混ぜながら炒め、味をみて、足りなければしょうゆ、メープルシロップを足す。

❹水分がなくなるまでごぼうを炒めたら、バットにあける。①のクルミをのせて菜箸で上下を返すように混ぜ、器に盛る。

アボカドとそら豆と牛肉のあえもの

「有元流女子会の華は
色、香り、コク、春を味わう肉料理」

●約4人分
牛肉（たたき用）　400g
アボカド　1個
レモン汁　適量
そら豆　30粒ぐらい
ゆずこしょう　大さじ1強
オリーブオイル　大さじ3
しょうゆ　大さじ1/2

❶牛肉は室温においてから調理する。フライパンで両面を焼きつけ、ふたをして弱火で約8〜10分焼く。取り出して二重のアルミ箔で包み室温になるまでおく。

❷アボカドは包丁を縦に入れて、くるりと手で回して2つに割る。種をとって、1/4個にカットしてから皮をむき、ひと口大のサイコロ状に切って、レモン汁であえて色止めする。

❸そら豆は薄皮までむいて、色よく塩ゆでする。

❹牛肉の粗熱がとれたらアルミ箔から出し、1.5㎝角のサイコロ状に切ってボウルに入れて少しおく。空気に触れさせることできれいな色が出る。

❺大きめのボウルにゆずこしょう、オリーブオイル、しょうゆを混ぜ、レモン汁を軽くきったアボカド、そら豆、牛肉を入れてあえる。アボカドの角が少しくずれるぐらいに、よく混ぜるとおいしい。

日本酒を飲みたいときの
わが家の女子会人気メニュー。

　たまに女子会をします。孫ぐらいの年齢の若い人もいれば、私より上のかたもいるような女子会もあって、世代を超えた女性ばかりで飲んだり食べたりしながらお喋りをするのは、とても楽しいです。

　集まる人の共通点はおいしいものが好きなこと。みなさんのお眼鏡にかなうレストランが見つからず「それじゃ、うちでやる？」なんていうことも。

　わが家に集まるときは5、6人でしょうか。前回何を作ったか忘れてしまうから、一応ノートをつけています。ノートといっても、どなたがみえて、何を作って……という簡単なメモ程度のものです。食事がメインではないですから。みんなで会ってお喋りするだけでいいわけで、そこにちょっとおいしいものがあればいいかしら、ぐらいの気持ちです。

　だからお料理も「食べておしまい」ではなくて、だらだらといつまでもつまんでいられるようなものがいいのです。

　例えば「日本酒を飲みましょう」という日には、クルミ入りのきんぴらを。細く細く切ったごぼうのシャキッとした歯応えに、キャラメリゼした甘くて香ばしいクルミを混ぜると……本当に箸が止まりません。

　アボカドとそら豆と牛肉のあえもの、もそう。意外な組み合わせのようですが、アボカドは春が旬でそら豆と季節が一緒。季節が同じもの同士は合うのです。そこにコロコロに切った牛肉のたたきを加え、ゆずこしょうとオリーブオイルとしょうゆで味をつけます。お肉を噛み締め、そら豆をつまみ、アボカドのねっとりを味わう循環が……これまた止まらない。

　箸が止まらない、ということは、いつまでもお酒が飲めるということ、いつまでもお喋りできるということ。締めに白いごはんとお漬け物、あるいは混ぜごはんを用意しておけば安心。いつまでも楽しい夜が続きます。

ゆでキャベツのブルスケッタ

カルボナーラ

カルボナーラ

「うま味のかたまりのようなパスタ。
ワインは赤がおすすめ」

●4人分
卵黄　8個
パルミジャーノ・レッジャーノ　100g
黒こしょう　たっぷり
パンチェッタのかたまり（またはおいしいベーコン）
　　200g
にんにく　2片
スパゲッティ　240g
┌ 水　3ℓ
└ 塩　大さじ1

※フレッシュなサラダをたっぷり添えて。

❶スパゲッティをゆでるお湯（水3ℓ）を沸かす。パンチェッタは角形の棒状に切る。にんにくはつぶす。器を用意しておく。

❷ボウルに卵黄を入れて、削りたてのパルミジャーノ・レッジャーノを加え、溶き混ぜる。黒こしょうをひきながらたっぷり加える。

❸①の湯が沸いたら塩を入れて、スパゲッティをゆでる。

❹パンチェッタとにんにくをフライパンに入れて弱火にかける。パンチェッタがカリカリになって、脂とうま味が出るようにじっくりと炒め、火を止める。

❺④のフライパンにゆで上がったパスタと②を入れてかき混ぜ、さらに黒こしょうとパルミジャーノ・レッジャーノ（分量外）を好みでたっぷりかける。

ゆでキャベツのブルスケッタ

「キャベツをおいしく！
鮮やかな緑の〝春を待つ〟食卓」

●約4人分
キャベツ　大4枚
オリーブオイル　適量
塩　少々
〈ソース〉
┌ アンチョビ（フィレ）　6〜7枚
│ オリーブオイル　大さじ2
│ にんにく　3片
└ 赤とうがらし　小2本
パン（パン・ド・カンパーニュなど好みのパン）
　　4切れ
オリーブオイル（仕上げ用）　適量

❶キャベツは葉のつけ根に切り込みを入れ、真ん中の芯の部分に縦半分に切り込みを入れ、巻きから1/2枚ずつはがす。氷水につけてパリッとさせておき、使う寸前に大きめに切る。キャベツをゆでるお湯を沸かす。

❷ソースを作る。鍋にオリーブオイルとつぶしたにんにくを入れて、弱火でじっくりとにんにくに火を通す。香りがたったら、赤とうがらしをちぎりながら加える（辛いのが苦手なら種は取り除く）。

❸パンを厚めに切ってトーストする。

❹②のソースの鍋にアンチョビを入れて、温める程度に火を通す。

❺①の沸騰させた湯に塩少々と表面を覆うくらいのオリーブオイルを加え、再び沸騰したら①のキャベツを入れてゆでる。キャベツの色が鮮やかに変われば引き上げて、ザルにのせ、キャベツを次々にゆでる。

❻③のトーストを器にのせる。オリーブオイルをたっぷりかけて、⑤のキャベツをのせ、④のソースをかける。ナイフとフォークを添え、熱いうちにいただく。

フィレンツェで出会ったブルスケッタは
日本の春キャベツで作るのが最高。

　イタリアの家は14世紀に建てられた、かつては修道院の一部だったという建物。古いので住むためには大修繕が必要で、そのためにフィレンツェに部屋を借りて、ひとりで数カ月暮らしたことがありました。

　そのときに、ワイナリーが経営しているビストロみたいなお店にふらっとひとりで入って、「おいしいよ」っていわれて注文したのが、カーボロネロのブルスケッタ。カーボロはイタリア語でキャベツのこと。ネロは黒。つまり黒キャベツです。

　運ばれてきたお皿を見て驚きました。どかーんと大きなゆでキャベツがお皿にのっているのです。上にアンチョビソースがかかっているだけの黒キャベツです。それをパンにのせて食べるのですが、これが想像もしなかったおいしさで、すっかり気に入ってしまいました。「日本の春のキャベツで作ったらおいしいわね」とすぐに思ったのは、ヨーロッパのキャベツは日本のものとはまるで違うから。軟らかくてみずみずしい日本の春キャベツのブルスケッタは、それはもう最高です。

　この料理はタイミングが命。オイルを入れた湯でサッとゆでたキャベツ、アンチョビのソース、トースト。この3つを同じタイミングで仕上げて、あつあつを組み合わせることで一体感のある料理になります。そして作ったらすぐにあつあつを食べる。でないとぐしゃぐしゃになってしまいます。

　もうひと品は濃厚なカルボナーラ。イタリアではカルボナーラに生クリームは入れません。そのかわりにたっぷりの卵黄で、熱いパスタをからめる。するとちょっとだけ卵に火が通ってクリーミーになる。それがおいしいのです。濃厚だからパスタの量は少なめにして、フレッシュな生野菜のサラダを一緒に食べましょう。いずれにしてもワインが欲しくなる味です。

サーモントーストとシャンパーニュ

豆のグリーンサラダ

豆のグリーンサラダ

「お豆のおいしい季節だから。
色よく歯応えよく、おいしくゆでて」

●4〜6人分
いんげん、スナップえんどう、砂糖さや、
　モロッコいんげんなど豆の野菜　各1袋ずつ
グリーンアスパラガス　大6本
〈オリーブオイルのグリーンマヨネーズ〉
┌ マヨネーズ（オリーブオイルで手作り）
│　1カップ
└ ディル　たくさん（3〜4パック）

❶いんげん、スナップえんどう、砂糖さや、モロッコ
いんげんは、それぞれ端の硬い部分を切り落とし、す
じをとって、使う寸前まで氷水につけておく。アスパ
ラガスは根元の硬い部分をピーラーでむき、氷水につ
けておく。

❷大鍋に湯をたっぷり沸かし、塩（材料外）を入れる。
塩が溶けたら、①の野菜を1種類ずつ入れてゆでる。
自分の目で色の変化を見ながら、指先で弾力を確かめ
たり、端を少し切って食べてみるなどして、ほどよい
硬さにゆで上げる。角ザルや盆ザルにのせて冷ます（暑
い日なら、窓辺などの風の当たるところで冷ます）。

❸グリーンマヨネーズを作る。ディルを細かく刻み（フ
ードプロセッサーで刻んでもよい）、マヨネーズに混
ぜて、小さなボウルに入れる。

❹大皿に③をのせ、青々とゆで上げた②の野菜をまわ
りに盛りつける。

○自家製マヨネーズ
ミキサーに全卵1個を入れ、ワインビネガー大さじ1
〜1 1/2、塩小さじ1/2〜2/3、こしょうを好みで加え
て撹拌する。ミキサーを回しながら、オリーブオイル
を少しずつ加える。ミキサーが回らなくなればできあ
がり（卵1個に対して、オリーブオイルが1カップくら
い入る）。

サーモントーストとシャンパーニュ

「パリ、旅先のワンシーンから
生まれた私の定番」

●4〜6人分
ノルディックスモークサーモン　適量
サンドイッチ用の薄い食パン　4〜8枚
バター　適量
ディル、チャイブ、チャービル　各適量

※シンプルなレシピだからこそ、スモークサーモンは
上等なものを。食パンは胚芽入りでなく、白いものでも。

❶ディル、チャイブ、チャービルは、小さくちぎった
り、刻んだりしておく。

❷食パンをカリッとトーストする（高温になるオーブ
ンがあれば、300℃で1分程度さっと焼く）。

❸あつあつのトーストにバターを塗り、冷たいサーモ
ンをのせる。上に①のハーブを散らし、シャンパーニ
ュと一緒にいただく。

パリ、旅先のワンシーンの思い出の味。
そして緑一色のサラダ。

　ずいぶん昔の話です。子育ても一段落したころ、初めて海外へひとり旅をしたことがありました。

　行き先のひとつはパリ。ティータイムに老舗のサロン・ド・テへ行ったのですが、名物のお菓子は残念ながら私には甘すぎるし、ボリュームがありすぎて持て余しそう。でもまわりはみんな、甘いお菓子を食べながら、甘いチョコレートを飲んだりしているのです。

　その中でひとりだけ、別のことをしている老婦人がいました。彼女はシャンパーニュを片手に、スモークサーモンののった薄いトーストをおいしそうに食べている。「あ、私もあっちだわ」とうれしくなって、同じものを注文しました。忘れられない旅先のワンシーンです。

　今も、この組み合わせが好きです。あつあつのトーストと、ひんやり冷たいサーモン、それに冷たいシャンパーニュ。十分に生きてきた私たちだからこそ、このコンビネーションのおいしさを味わえる気がします。

　合わせたサラダは緑一色で。春に出盛りのマメ科の野菜やアスパラガスを歯応えよくゆでて、お皿に盛り合わせます。自家製マヨネーズに、刻んだハーブをたくさん混ぜたグリーンのソースをつけていただく趣向。野菜は色も姿も美しいから、こういうお皿が作れるのです。

　サーモンのオレンジに対して、サラダはグリーン一色。2皿を用意するとき、料理の色を対比させるのも私がよくやる手。人を招くテーブルは、おいしいことはもちろん、見た目の素敵さも大事だと思っています。

フェンネルとオレンジのサラダ

エビとセージのフリット

エビとセージのフリット

「殻も軟らかい天使のエビを
セージのさわやかな香りで!」

●約4人分
殻つきエビ(天使のエビなど)　8〜12尾
強力粉　適量
セージ　8枝ぐらい
菜の花　適量
揚げ油、塩、アリオーネ※(好みのドライハーブ)
　　各適量
〈衣〉
┌ 薄力粉　2/3カップ
│ ベーキングパウダー　小さじ2/3
└ 水　2/3カップ

※アリオーネは、ニンニク、とうがらし、パセリなどを
混ぜた便利なハーブミックス。ない場合は、上記の材
料をミックスして使用しても。

❶薄力粉、ベーキングパウダー、水を混ぜてフリット
の衣を作る。

❷セージは2〜3枚ずつに分け、①の衣をつけて、ぬ
るめの油で時間をかけてカリッと揚げる。

❸菜の花は食べやすく切り、①の衣をつけて、ぬるめ
の油で時間をかけてカリッと揚げる。

❹解凍したエビは殻の間に竹串を刺して背わたを抜
き、水気をふく。強力粉をよくまぶしつけて、余分な
粉をしっかり落とす。5尾ぐらいずつ中温の油に入れ
て、色づくまでパリッと揚げる。揚げたてに塩、アリ
オーネをふりかける。

❺器に④を盛り、②、③を添える。

フェンネルとオレンジのサラダ

「口の中いっぱいに広がる
香りのよさ、甘酸っぱさ、みずみずしさ」

●約4人分
フェンネル　1個
オレンジ　2〜3個
E.V.オリーブオイル　適量
塩　適量

❶オレンジの上下を切り落とし、丸みに沿って縦にナ
イフを入れて白い皮ごとむく。輪切りにして皿に盛る。

❷フェンネルは緑の部分を切り落とし、株元の白い部
分を縦に薄切りにして、①の皿に盛る。

❸オリーブオイルを回しかけ、塩を少しふる。

※2〜3月に旬を迎える日本のネーブルで作っても、
とてもおいしい。

※フェンネルの葉はにんにく、オリーブオイル、塩、
こしょうと一緒にフードプロセッサーにかけて"グリ
ーンソース"にしておくと便利。蒸したじゃがいもや
肉にかけても、パスタソースにしてもよい。

「オレンジはこうして切るんだよ」と
教えてくれたシェフがいました。

　その昔、ある包丁屋さんが訪ねてきました。当時私がそこの包丁を愛用していたので、自社の製品を日本のみならず世界に知ってもらうにはどうしたらいいだろう、と相談にいらしたのです。それがきっかけで、世界のあちこちのレストランへ、包丁の入った重いカバンを持つそのかたと一緒に行きました。

　ジェノバに、かつてのローマ法王も通っていた人気のレストランがあって、とてもおいしいのでよく食べにいっていて、私はシェフと仲よしだったのです。その店へ包丁屋さんをお連れしたところ、日本製の小さな包丁を手にしたシェフが「オレンジはこうやって切るんだよ」と教えてくれた。

　それがフェンネルとオレンジのサラダでやった、オレンジの切り方です。

　上下を切り落として、オレンジの丸みに沿ってまわりの白い皮までむき、小房の薄皮は残したままで食べやすくカットする──。今でこそ珍しくありませんが、当時はこんな切り方ひとつとっても新鮮でした。ちなみにその後、くだんの包丁メーカーは世界に知られるトップメーカーになりました。

　フェンネルは冬から春が出盛りで、イタリア人が最も好きな野菜といわれています。春から初夏にかけて旬を迎えるオレンジとの組み合わせは、あちらでは定番。だけれど、フェンネルをこんなふうに輪切りでそのまま使ったりはしません。だいたいオレンジとフェンネルがしっかりあえてある。でもそこを、両方が美しいように切って盛り合わせ、塩とオイルでシンプルにいただくのが私流。最近は日本でもフェンネルが栽培されているので、ぜひ試していただきたい食べ方です。

　もうひと品は、軟らかい皮ごと食べられる天使のエビのフリット。セージも一緒に揚げて、さわやかな香りを添えるのがポイントです。

卵とだし汁の蒸し物

ふきのバラ肉巻き山椒じょうゆ

ふきのバラ肉巻き
山椒じょうゆ

「香りがふわっと口に広がる
大好きなふきの食べ方」

●4人分
ふき　細めのもの12本ぐらい（太ければ4〜8本）
豚バラ肉　16〜20枚（幅が広いものは8〜12枚）
〈山椒じょうゆ〉
　実山椒、しょうゆ　各適量

❶山椒じょうゆはあらかじめ作っておく。春先から初
夏に出回る生の青山椒の実を、空き瓶に入れて、かぶ
るぐらいのしょうゆを注ぐ。冷蔵庫に入れておき、1
週間後ぐらいから食べられる。

❷ふきは葉を切り落とし、鍋に入る長さに切ってまな
板にのせ、粗塩ひとつかみ（材料外）をふって板ずりす
る。たっぷりの熱湯で硬めにゆで、冷水にとって色を
とめ、両端からすじをとる。

❸ふきを15cmほどの長さに切る。豚バラ肉4〜5枚を
少し重ねて広げ、上にふきを2〜3本ずつまとめて斜
めにのせ、肉でくるくると巻いていく。残りも同様に
巻く。

❹熱した焼き網（あるいは魚焼きグリル）に③をのせ、
返しながらこんがりと焼く。

❺食べやすく切り分け、山椒じょうゆをかけていただ
く。

卵とだし汁の蒸し物

「おすましがわりの優しいひと品」

●4人分
卵　200㎖（4〜5個くらい）
昆布とかつお節のだし　約600㎖（卵の3倍量）+200㎖
　（5カップ分＝昆布10cm、かつお節50g、水6カップ）
塩、しょうゆ　各小さじ1
木の芽　適量

❶昆布とかつお節でおいしいだしをとる。大きめの鍋
にだし用の水と昆布を入れ、ひと晩おく。

❷火にかけて、煮立つ直前に昆布を取り出し、かつお
節を入れて火を止める。そのまま7〜10分ほどおい
て味をみて、だしの味になっているのを確認する。固
く絞ったさらしのふきんでだしを漉す。

❸別のボウルに卵を溶き、卵液の3倍量のだし汁（600
㎖）を加える。塩としょうゆでお吸いものくらいの味
つけにする。漉してなめらかにする。

❹器に③を静かに注ぎ、湯気の立った蒸し器に入れて、
弱火でゆっくり火を通す。

❺中心に竹串を刺して、穴が開いた状態であれば蒸し
上がり。器ごと取り出す。残り200㎖のだし汁を温め
て、卵をくずさないように注意しながら、器の端から
たっぷり注ぎ、木の芽を散らす。銘々に取り分けてす
すめる。

※だし汁は多めにとっておき、残りは冷蔵か冷凍で保
存して、ほかの料理に使用。

若草色のふき、山椒の香り、おいしいだし。
春一番に食べたい和のごちそう。

　ふきが大好きです。なんともいえないスッとした香りと、きれいな若草色。ふきも筍と同じで、新しければ新しいほどいいので、買ってきたらすぐにゆでます。ゆでてすじをとって水につけておきさえすれば、冷蔵庫で2、3日はもつけれど……でも、せっかくの香りも色も褪せるから、早く使うに越したことはないのです。

　私はふきをいろいろに食べます。よくやるのは、ふきのパスタ。ペンネを使って、ペンネと同じぐらいの長さにふきを切り、アーリオ・オーリオ・エ・ペペロンチーノのオイルであえる。すっきりとした味わいで、とてもおいしいです。日本の軟らかいふきで作ってこそのパスタです。

　ふきを豚バラ肉で巻いて、焼き網でこんがりと焼くお料理は、お肉のコクとふきのコントラストがたまらなく美味。山椒じょうゆをかけると、山椒の風味も加わって、いっそうおいしいです。女子会にも向く一品です。

　焼き網で焼くと、途中で火を止めても、豚肉から落ちた脂で炎が上がるのでカリカリに焼けます。だけど炎が怖ければ、もちろん魚焼きグリルで焼いてもいいです。

　茶碗蒸しは、うちでは昔から大鉢で作って取り分けるスタイル。そして中に何も具を入れません。具はじゃまな気がするのです。卵とだしだけでシンプルに蒸し上げて、そこに熱いおだしをたっぷり注ぎ、木の芽を散らします。だから、これはおだしがおいしくないと始まらない。

　おすましのお椀の中に卵豆腐が入っているようなものだから、ホッとする優しさがあるのです。お寿司のときに茶碗蒸しをおすましのかわりに作ったりもします。春は名のみの肌寒い日に、こういうものが出てくるとうれしいんですよね。

アボカド、そら豆、グリーンピースのサラダ

スペイン風オープンサンド

スペイン風オープンサンド

「質量ともにリッチで、ピリッと
スパイスの効いた大人のサンド」

●4人分
サラミ等(フィノッキオーナ、カラブレーゼ、
　チョリソーなど)　大きなもの4mm厚さ4枚(小さな
　ものなら数枚を重ねて使用)
パプリカパウダー(スモーク)※、オリーブオイル
　(サラミ用)　各適量
チーズ(ゴーダなどセミハードタイプ)　4切れ
　(またはかたまりをスライス)
新玉ねぎ　1/2個
トマト　1個
パン(ブールなどのしっかりとしたパン)
　1cm厚さのスライス4切れ
にんにく、オリーブオイル(パン用)　各適量
粗塩　少々
香菜、オリーブ(市販品)　各適量
ポテトチップス　お好みで

※パプリカパウダーはスモーキーにした辛味のあるス
パイス。日本でも購入可。

❶バットにスモークパプリカパウダーとオリーブオイ
ルを混ぜ合わせて、サラミをマリネする。ときどき裏
表を返して15分ぐらい漬けておく。

❷新玉ねぎは薄い輪切りにする。トマトは6〜7mm厚
さの輪切りにする。

❸パンを軽くトーストして、にんにくをこすりつけ、
オリーブオイルをかける。上に①のサラミ、チーズ、
新玉ねぎ、トマトをのせて、粗塩をパラパラとふる。
器に盛り、香菜をのせ、オリーブとポテトチップスを
添える。

○ポテトチップス
キタアカリなど好みのじゃがいもを皮つきのまま、ス
ライサーで薄い輪切りにする。水につけてアクを抜き、
水気をよくふき取って、低温の揚げ油にひとつかみ入
れる。ポテトがうっすらと色づいてきたら、一度引き
上げてザルにあける。残りのポテトも同様に揚げる。
油の温度を少し上げてポテトを2度揚げし、きつね色
にパリッと仕上げて粗塩をふる。

アボカド、そら豆、
グリーンピースのサラダ

「たっぷりのレモンと芳しいオイルで。
みずみずしい緑が目にもおいしい」

●4人分
アボカド　2個
そら豆　1袋
グリーンピース(さやから出す)　1/2カップ
レモン汁　大1個分
塩、こしょう　各少々
オリーブオイル　適量
レタス　2〜3枚

❶アボカドは皮と種をとり、ひと口大に切ってボウル
に入れ、レモン汁とオリーブオイル、塩、こしょうを
加え、とろりとするまで混ぜる。

❷そら豆はさやから出し薄皮をむいて、塩ゆでする。

❸グリーンピースはさやから出して、塩ゆでし、ゆで
汁に浸したままにしておく。

❹①のボウルに②と水気をきった③を入れ、軽く混ぜ
る。皿にレタスを敷いた上にこんもりと盛る。

ロンドンの裏道にあるスペインバルの
ピリ辛サンドイッチが忘れられなくて。

ロンドンにはいろいろな国の人が住んでいて、誰も通らないような裏道に、スペインや中東など異国の店がいろいろあるのです。現地の食材を売っているのだけれど、外から見たら何屋さんなのかわからない。そういう店が、お昼どきになると店先に小さなテーブルを出して、ランチを食べさせてくれたりします。

あちらに住む娘に「おいしいよ」って連れていってもらったスペインの店、そこで食べたサンドイッチが忘れられなくて。直径7cmぐらいありそうな大きなチョリソーと野菜がのっていて、ナイフでガシガシと切って食べるのです。そのスパイシーなサンドイッチがあまりにもおいしく、家でも作りたいなと思って、大きなチョリソーにかわるものを探しました。

カラブレーゼという、イタリア南部のカラブリア地方のサラミがあって、カラブリアはとうがらしの産地なのでとうがらしがいっぱい入っているのですが、私はそれが好きで。ロンドンで食べたチョリソーにも近いのですが、日本では手に入りにくい。そこでフィノッキオーナという、フィノッキオ（フェンネル）の種がたくさん入っているサラミをイタリア食材店で調達して、パプリカパウダーとオイルでマリネしてから使ったりしています。

あとの具はトマト、玉ねぎ、ゴーダチーズ。ボリュームのあるピリ辛のサンドイッチを頬張って、合間にポテトチップスをつまみ、ワインをぐいぐい飲む……。これ以上の幸せがあるだろうか、という感じです。

サンドイッチが赤なので、もうひと皿は豆とアボカドの緑のサラダを。

ちなみにサンドイッチを盛ったのは、イタリアのパン切り用のボード。レタスに盛ったサラダをのせたのは、私のいつもの朝食用の木のプレート。料理に合わせた、こんなカジュアルな盛りつけも気分が上がります。

筍ごはんのおむすび

魚介と春野菜の木の芽酢味噌あえ

魚介と春野菜の木の芽酢味噌あえ

「春の海と山野の幸を
見目麗しく盛り合わせて」

●4〜6人分
アサリ　1パック
┌ 酒　適量
└ 塩　少々
ヤリイカ　3杯
グリーンアスパラガス　8本
あさつき　8本
そら豆　20粒ぐらい
フルーツトマト　4個
〈木の芽酢味噌〉
┌ 味噌　すりきり大さじ6
│ 米酢　大さじ3
│ メープルシロップ　大さじ2
│ 昆布とかつお節のだし　大さじ1
└ 木の芽　ひとつかみ

❶アサリを塩水（分量外）にひと晩つけて砂出しをする。洗って鍋に入れ、酒をふりかけ、塩少々を加えてふたをし、口が開くまで酒蒸しにする。そのまま冷ましておく。

❷ヤリイカはわたと軟骨をとり、脚と胴に分ける。お湯を沸かして、ヤリイカを1杯ずつ入れ、膨らんできたら、すぐに取り出して角ザルに上げる。冷めたら脚を食べやすく切り、胴は1cm幅の輪切りにする。

❸アスパラガスは根元の硬い皮をむき、色よく塩ゆでして、角ザルに上げて粗熱をとる。冷めたら3等分長さに切る。あさつきもサッと塩ゆでして、角ザルに上げる。そら豆は薄皮までむいて、歯応えが残るようにゆでる。フルーツトマトはヘタをとり、8等分のくし形に切る。

❹木の芽酢味噌を作る。すり鉢に木の芽を入れてすりこぎですり、味噌、米酢、メープルシロップ、だしを加えてなめらかにすり混ぜる。

❺器にアサリ、イカ、野菜を彩りよく盛り合わせる。木の芽酢味噌を添える。

筍ごはんのおむすび

「みんなが集まる日はおむすびで。
たたいた木の芽の香りもごちそう」

●約4〜6人分
ゆで筍　小2本
油揚げ　1枚半
米　3カップ
┌ 昆布とかつお節のだし　3¼カップ
│ 塩　小さじ2
│ しょうゆ　小さじ1
└ 酒　大さじ2
木の芽　適量

❶ゆで筍を縦に4つに切り、軟らかい穂先はそのままで、下のほうはごく薄く切る。

❷油揚げは熱湯に沈ませて6〜7秒サッとゆで、油抜きをする。冷めたら四辺を少し切り落として2枚にはがし、粗みじん切りにする。

❸米は炊く30分前にといでザルに上げておく。

❹炊飯器に米を入れ、だしを炊飯器の目盛り3まで注ぎ、酒、しょうゆ、塩を加えて混ぜ、味を確認する。筍と油揚げを加え混ぜ、普通に炊く。

❺木の芽は細かくたたく。

❻炊き上がった筍ごはんをしっかりむすんで、おむすびを作り、上に木の芽をのせる。

○筍のゆで方
筍の外側の皮を2〜3枚取り除き、先を斜めに切り落とし、内側の中央に縦に切り込みを一本入れる。たっぷりの水にたっぷりのぬかを溶かし、赤とうがらしを2〜3本入れて筍を入れ、静かに煮立つ火かげんで1時間半〜2時間ゆでる。ひと晩そのままおき、翌日洗ってぬかを落とし、皮をむく。下のほうの凹凸を菜箸できれいに掃除する。

筍や、身がぷっくりと膨らんだアサリを
今年も食べられる喜びを味わう春の和食。

春が来れば筍。筍は出はじめのころから食べたいのです。3月の初頭に鹿児島など九州でとれだして、だんだん南へ上がって京都あたりまでの筍が……土のせいでしょうか、特別おいしい気がします。

買ってきたら、新鮮なうちにすぐにゆでるのが鉄則。たっぷりのぬかを混ぜた水で、コトコトとゆっくりゆでて、そのままひと晩おく。そしてぬかを落とし、皮をむき、下のほうのデコボコしたところを菜箸で掃除する。

時間と手間がかかる……と思われるでしょうか。私はまったく思いません。筍をおいしく食べるためにあたりまえのことだから。こういう時間と手間を惜しんで、ではその空いた時間でいったい何をするのかしら、と思うのです。いきいきとした旬の恵みをいただいて生命をつなげることよりも、尊いことがあるかしら、と。

さて、筍をゆでたら、まず作りたいのが筍ごはんです。みんなで囲む食卓なら、おむすびにするのも手。おむすびにするときは筍を薄く切って炊き込んだほうが、むすびやすいです。

もうひと品は、アサリなど春の海の恵みと、そら豆やフルーツトマトなど春の野の恵みを盛り合わせて、木の芽酢味噌でいただくお料理。たっぷりの木の芽をすり鉢に入れてすりこぎですると、いい香りがたちます。そこへ味噌を加えてすり混ぜ、なめらかな舌ざわりの酢味噌を作ります。

こんなふうに和食は、洋風の料理に比べて手がかかります。でも素材をひとつひとつ、いい塩梅にゆでたり切ったりして下ごしらえして、料理に仕上げていく、その準備の過程も楽しい。

作る人が楽しんで、手をかければきれいに仕上がるし、〝きれいはおいしい〟につながる。和食って、そういうものだと思うのです。

パプリカのクリームスープ

きゅうりサンド

きゅうりサンド

「私がおいしいと思うのは
この味と食感、この作り方！」

●4組分
サンドイッチ用の食パン(軟らかめのもの)　8枚
バター(有塩)　約50〜60g
きゅうり　10本ぐらい
塩　適量

❶バターを室温に置き、指で押すと軽くくずれる程度
の軟らかさにする。

❷きゅうりは縦半分に切ってスプーンで種をとり、皮
つきのまま斜め薄切りにする。ボウルに入れて、塩(き
ゅうり100gに対して小さじ1が目安)をふり、つかむ
ように軽くもんで、そのまま20分ほどおく。

❸②のきゅうりを少量ずつ、さらしのふきんで包み、
水気を絞る。水気が出なくなるまで、2〜3回絞る。

❹食パンに①のバターをたっぷり塗る。③のきゅうり
をパンの端まで均一にのせて、もう一枚のパンでサン
ドする。

❺④を重ねて、少し押さえるような感じでラップに包
み、10分ほどおいてなじませる。食べよく切り、器
に盛る。

パプリカのクリームスープ

「パプリカの力はすごい。
クセになるおいしさなんです」

●6人分
パプリカ(赤、オレンジ)　計2〜3個
玉ねぎ　1個
にんじん　1本
セロリ　1本
パプリカパウダー　大さじ2/3〜1強
オリーブオイル、塩　各適量
水(あるいはスープ)　適量
パッサータ(トマトの水煮の裏ごし)　1瓶(約680ml)
生クリーム　適量
パプリカパウダー(スモーク)　適量

❶パプリカはヘタと種を取り除き、ザク切りにする。
玉ねぎ、にんじん、セロリもザク切りにする。

❷鍋にオリーブオイルをひき、①の野菜を入れる。軽
く塩をふって、ひと混ぜし、ふたをして中火で蒸し煮
にする。野菜に火が通ったら、ひたひたの水(または
スープ)とパプリカパウダーを加え、軟らかくなるま
で煮る。

❸②の粗熱がとれたら、ミキサーにかけてなめらかに
する。鍋に戻し、パッサータと生クリームを加えて塩
で味をととのえ、温めて器に盛り、仕上げにパプリカ
パウダー(スモーク)をふりかける。暑いときは冷製も
おいしい。

料理番組で大反響を呼んでしまった
きゅうりサンドをご紹介しましょう。

きゅうりサンドが好きです。好きなだけに、イギリスでアフタヌーンティーに出てくるようなきゅうりサンドは、きゅうりが1、2枚ぺろんと入っているだけでもの足りない。それで「自分が食べたいきゅうりサンド」を作ろうと思って、あれこれやってみたわけです。

その結果できたのが、1人分にきゅうり3本ぐらいが入ってしまうレシピ。4人分ならきゅうり12～13本です。以前、テレビの料理番組で紹介したら、驚いた視聴者がたくさんいたようで、大反響を呼んでしまいました。

でも、おいしいきゅうりサンドであることは間違いなし。

塩もみしたきゅうりの水分を絞って、絞って、絞ってパンにはさむので、きゅうりのコリッ、カリッとした食感がたまりません。パンにカルピスバターなどのおいしい有塩バターをたっぷり塗って、塩もみしたきゅうりをはさむだけの、ほのかな塩分がいいのです。ぜひ作っていただきたいです。

これにパプリカのクリームスープを合わせた理由は、色のコントラスト。きゅうりサンドの次に、グリーンや白のお料理が出てくると寒々しいでしょう？ その点、パプリカの赤は独特の温かい色です。色のコントラストは、見た目に美しいだけでなく、香りや味わいや栄養のコントラストでもあります。2皿の料理が、お互いの足りないところを補ってくれます。

パプリカという野菜にはなんとも言い表せない特別なうま味があって、うちで召し上がるととりこになる人が続出。そのパプリカをコクのあるクリームスープに仕立てると、とても強い料理になります。きゅうりサンドの格好の相手です。

この2皿はブランチにもランチにもいいですし、私は昼下がりに、きゅうりサンドでシャンパーニュや白ワインを飲むのも大好きです。

鯵のお寿司
（あじ）

すだちのゼリー

すだちのゼリー

「甘酸っぱい蜜の味。青い香りと
つるんとした口当たりの至福」

●4～5人分
すだち　20個ぐらい
板ゼラチン　1.5g×3枚
水　1カップ
グラニュー糖　大さじ4～5
ハチミツ　適量

❶すだちは15個ぐらいを搾る。

❷板ゼラチンは水（分量外）につけてふやかす。

❸鍋に水とグラニュー糖を入れて沸かし、グラニュー糖を溶かす。ここへ②のゼラチンを加えて溶かす。①のすだちの搾り汁を加えて混ぜ、器に入れて冷蔵庫で冷やし固める。

❹すだち3個をボウルに搾り、ハチミツを加えて、好みの甘さのシロップを作る。残りのすだちは輪切りにする。

❺③のゼリーにすだちのシロップをかけて、すだちの輪切りをのせる。

鯵のお寿司

「初夏を味わう、さわやかな滋味。
"目には青葉"で緑の薬味をたっぷりと」

●約4～5人分
米　3カップ
〈すし酢〉
┌ 米酢　80㎖
│ メープルシロップ　30㎖弱
└ 塩　小さじ2/3
鯵　5尾
塩、酢　各適量
新しょうが　大2個
〈甘酢〉
┌ 米酢　100㎖
│ メープルシロップ　30㎖
└ 塩　小さじ1弱
きゅうり　2本
あさつき　2束
青じそ　10～15枚

❶鯵は3枚におろして骨をとる。両面に塩をふり、1時間ほどおく。塩を洗い落として酢にくぐらせ、バットにのせる。

❷米は炊く30分前にとぎ、10分ほど浸水させて、ザルに上げる。炊飯器の目盛りどおりの水かげんで普通に炊く。

❸すし酢を混ぜ合わせる。

❹新しょうがは皮をむき、5mm角程度のコロコロに切る。さっと熱湯にくぐらせて、水気をきって甘酢に漬ける。きゅうりはごく薄い小口切りにし、海水より濃いめの塩水に漬けてしばらくおき、しんなりしたら、さらしのふきんで水気を絞る。あさつきは小口に切る。青じそは縦半分に切り、向きを変えて端からせん切りにする。

❺①の鯵の皮をむき、半身を4等分ぐらいの削ぎ切りにする。

❻ごはんが炊き上がったら大きな飯台にあけて、すし酢を回しかけ、しゃもじで切るように混ぜる。うちわであおいで、人肌よりも少し温かいぐらいに冷めたら、⑤の鯵を全体に並べ、④のしょうが、あさつき、青じそを散らす。きゅうりを箸でところどころにのせる。熊笹を敷いた皿に盛りつける。

初めて雑誌で紹介された鯵のお寿司。
これがすべての始まりでした。

　25年以上前、雑誌『LEE』に左側1ページの写真で掲載されたのが、この鯵のお寿司です。私の初めての料理の仕事。これがすべての始まりでした。

　きっかけはひょんなことです。当時住んでいた家の向かいに、あるピアニストが住んでいて、彼女のところへLEE編集部のかたがお料理の取材にきたのです。そして料理を盛るための大皿がないということで、編集者とスタイリストの千葉美枝子さんがうちに借りにいらした。

　そのころ、私は子育て中の専業主婦でしたが、料理が好きで器も持っていました。そんな様子が彼女たちの目にとまったのか、今度は私のところに『LEE』から器の取材の申し込みがあり、次に〝わが家のお寿司〟というようなテーマで仕事の依頼がきたのです。

　掲載号の正確な年月は忘れてしまいましたが、初夏だったのでしょう。旬の鯵を酢締めにして、コロコロに切った新しょうが、薄切りのきゅうり、青じそ、あさつき……この季節のおいしいものばかりで作る、それこそわが家の定番のお寿司を紹介しました。

　当時の家の庭に熊笹がたくさん生えていたので、緑釉の織部の大皿に熊笹を敷いて、その上に鯵のお寿司をたっぷり盛り込む──。昔も今も好きな味やスタイルは変わらない。いや、変えたくないのです。このお寿司のおかげで、今にいたる仕事の道へと導かれて。人生は不思議ですね。

　お寿司の締めにはさわやかなゼリーを。ゼリーはシロップなどの水分と一緒に食べるのが私は好き。ちょうど初夏に青いすだちが出はじめるので、すだちの搾り汁で作ったゼリーに、すだちの搾り汁とハチミツのシロップをかけていただきます。すだちを20個も使うこのゼリーは、なにしろ清涼感がたまらなく、「5月の風のような味ですね」と評したかたがいました。

モッツァレラとアンチョビ

そら豆のリゾット

そら豆のリゾット

「春の気分を目でも味わう
薄緑色のリゾットは、ぜひ日本のお米で」

●約4人分
白米(コシヒカリ)　1カップ
そら豆(正味)　2カップ弱
オリーブオイル　適量
バター　大さじ2
白ワイン　1カップ
ブイヨンスープ　3カップ
パルミジャーノ・レッジャーノのすりおろし
　80g+適量

❶米は洗わない。そら豆は薄皮をとっておく。

❷鍋底を覆うぐらいにオリーブオイルをひき、バター
を入れて溶かす。米を入れて木ベラで混ぜながら中火
で炒める。

❸米が透き通ってきたら、白ワインを加える。鍋底に
くっつきそうな米をはがすような感じで、たえず木ベ
ラで混ぜながら水分を蒸発させる。

❹ブイヨンスープを1カップほど加え、はりつかない
ようにたまに混ぜながら(日本の米は軟らかいのであ
まり混ぜすぎない)、中火強ぐらいの火かげんで煮る。
水分がなくなってきたら、さらにスープを1カップ加
えて同様に煮る。

❺水分がなくなってきたら残りのスープを加え、火を
弱めて、ふたをして10分ほど静かに煮る。

❻最後の1分ぐらいのところでそら豆を加え、パルミ
ジャーノ80gも加えてふたをして蒸らし煮にしてから、
木ベラで混ぜる。全体が適当な硬さになってきたら火
からおろして器に盛り、上からパルミジャーノをたっ
ぷりかける。

モッツァレラとアンチョビ

「今、気に入っている
モッツァレラの食べ方」

●約4人分
モッツァレラ　2つ
アンチョビ(フィレ)　1缶
トマト(その季節のおいしいトマト)　4個

❶モッツァレラは手で半分にちぎる。ナイフで切って
もよいが、手でちぎったほうが見た目的にもおいしい。

❷トマトは縦半分に切る。

❸①と②を皿に盛り合わせ、アンチョビを添える。

※銘々で取り分けて、ナイフ&フォークで食べやすく
カットしたモッツァレラ、アンチョビを一緒に口に入
れる。箸休めにトマトをいただく。

モッツァレラは手でちぎる、リゾットは
日本のお米で作る。私のおいしさのルール。

イタリアにも料理の流行があるのです。モッツァレラとアンチョビが缶ごと出てくる前菜は、あるとき、うちの近くのごはん屋さんで見かけて、それからいっせいに広まった感じでした。

淡白なモッツァレラと、うま味と塩気のアンチョビを一緒に食べると、確かにとても美味。今まで、この組み合わせをしなかったのが不思議なくらいです。これを食べると私はどうしてもトマトが欲しくなるので、わが家では3種類を一緒に盛り合わせます。

トマトは、大きめのフルーツトマトがおすすめです。モッツァレラは手でちぎるにかぎります。ナイフで切るとおいしくないのです。アンチョビは缶入りのほうが塩分がほどよいです。

ちぎったり、切ったりするだけなので申し訳ないほど簡単ですが、テーブルに運ぶと、色のコントラストもきれいだし、「あら、なんでしょう!?」と場が盛り上がります。各人で取り分けて、口に運ぶと「おいしい!」「この食べ方いいですね」とみんなが楽しい気分になってワインがすすみます。

もうひと皿は、私の大好きなそら豆のリゾット。

リゾットは、コシヒカリなどの日本のおいしいお米で作るにかぎります。イタリア暮らしの長い私がそう思うのだから、どうか信じて、ご自分でリゾットを作ってみてください。日本のお米で作るときは混ぜすぎないこと。粘りを出したくないからです。

お米と同量の白ワイン、お米の3倍のスープという割合さえ覚えておけば、リゾットは手軽に作れるお料理です。おいしさを求めるならば、バターとパルミジャーノを惜しみなく使って。おなかを満たす主食というよりも、これもワインのつまみといえそうなお料理です。

めかぶのせ玄米ごはん

イワシのフライパン焼き

イワシのフライパン焼き

「洋風の魚料理なら、
　白いごはんよりも玄米が合う。
　たっぷりの野菜を添えて」

●約4人分
イワシ　中4尾
　　塩、小麦粉、オリーブオイル　各適量
グリーンアスパラガス、さやいんげん、かぶ、
　　ラディッシュ、ミニトマトなど好みの野菜　各適量
パセリ　1束
オリーブオイル、塩　各適量
アリッサ、レモン　各適量

❶アスパラガス、さやいんげんは歯応えを残すように
ゆで、食べやすく切る。かぶ、ラディッシュはくし形
に切って、塩少々でもんでおく。

❷みじん切りしたパセリを大きなボウルに入れ、オリ
ーブオイルであえる。①の野菜とミニトマトを加えて
あえ、味をみて塩を補う。

❸イワシは3枚におろし、軽く塩をふる。水けが出て
きたらペーパーでふき、小麦粉をうっすらと全体にま
ぶす。

❹フライパンを熱してオリーブオイルをひき、イワシ
の両面をこんがりと焼く。

❺②の野菜を皿に敷き、④のイワシを上にのせる。好
みでアリッサをつけ、レモンを搾りかけていただく。

めかぶのせ玄米ごはん

「香ばしい玄米と
　ねばねばの組み合わせは、
　最近ハマっている食べ方」

●約4人分
玄米　2カップ
黒米　1/2カップ
水　2½〜2½カップ強
刻みめかぶ(乾燥)　100g
オクラ　1パック
塩、オリーブオイル　各適量

❶玄米と黒米を合わせて洗い、分量の水とともにカム
カム鍋※(圧力鍋専用の陶器製内鍋)に入れる。圧力鍋
の中に入れて、カムカム鍋の高さの半分まで水を入れ、
圧力鍋にふたをする。

❷①を強火にかけ、シューッと音がして圧がかかりは
じめたら、そのまま2〜3分強火にかけてから、弱火
にして50〜60分炊く。圧力鍋の火を止め、圧力鍋の
ふたに水をかけて圧力を下げてからふたを開ける。ご
はんをほぐす。※カムカム鍋の大きさが2合炊きの場
合は炊き時間1時間15分、3合炊きは55分〜1時間が
目安。

❸めかぶは熱湯をかけて、菜箸でグルグルとかき混ぜ
てねばりを出し、オリーブオイルをかける。オクラは
刻んで塩少々を加えてかき混ぜ、ねばりを出す。

❹ごはんの上に③をかけて、食べるときにオリーブオ
イルを好みで少しかける。

※カムカム鍋(株式会社オーサワジャパン)は圧力鍋の
中に入れて炊く陶器の内鍋。この鍋を使用すると、玄
米を長時間浸水させなくても、すぐに炊くことができ
る。

オリーブオイル＋塩で食べてみてください。
玄米は楽しい。食の世界が広がります。

　ふだんは玄米を食べることが多くて、私の朝ごはんはオリーブオイルを混ぜた玄米ごはんと、白身の端っこがカリカリの目玉焼き。それと何か野菜がちょっとあればいい、という感じです。

　体調もすごくいいですし、それよりなにより玄米は香ばしくておいしいのです。どうしてなんでしょうね。温かい玄米にオリーブオイルをかけて、ちょっと混ぜて食べると、すごくおいしくなる。玄米だけを食べるよりも、さらにおいしくなるのが不思議でしょうがないです。

　玄米に、日本古来の穀物である黒米を加えて炊くのもおすすめです。よりもっちりとして深い味わいになります。そこへ、めかぶと刻んだオクラを混ぜて、塩とオリーブオイルで味つけしたものをのせて食べると、それはもう、くせになるおいしさ。

　海藻あり、野菜あり、玄米ありで、このひと皿である意味パーフェクト。だからこれだけでもいいのだけれど、もうひと品、カラフルなお料理があれば、玄米が素敵なおもてなしの食事になります。

　かわいらしいかぶやミニトマト、アスパラガスなどの色とりどりの野菜をお皿に敷いて、上に焼いたイワシをのせたお料理は、何風ともつかない無国籍。レモンを搾り、アリッサをつけていただきますが、アリッサがまた、玄米ごはんにすごく合う。

　かように玄米は白米よりも自由度が高いのです。ポルトガルともスペインともイタリアンともつかない、こんなお料理とも相性よしです。

　切り干し大根や厚揚げの煮物などの、和のさびたおかずと一緒に食べる玄米もいいけれど、今はこんな組み合わせでも玄米を楽しみたい気分。無国籍のモダンな玄米食、私の提案です。

ミントの香りごはん

筍とエビのスパイシー揚げ

筍とエビのスパイシー揚げ

「軟らかい新筍とエビに
ガツンとスパイスを効かせて香ばしく」

●約4人分
新筍(ゆでたもの)　中1本
エビ　中8尾
おろしにんにく　2片分
しょうが汁　1片分
紹興酒　大さじ3
実山椒(日本のもの)　小さじ1
クミン(シード)　小さじ1
コリアンダー(シード)　小さじ1
香菜の根　2〜3本分
赤とうがらし　1〜2本
ヌクマム(またはナンプラー)　適量
片栗粉　大さじ3
揚げ油、香菜　各適量

❶新筍は皮をむき、食べやすい大きさに切る。
　エビは殻をむき、背わたをとる。

❷ボウルに①を入れて、紹興酒をふりかけ、おろしにんにく、しょうが汁を加えてよく混ぜる。

❸すり鉢かクロック(石のすり鉢)に実山椒(または花椒)、クミン、コリアンダー、香菜の根、赤とうがらしを入れて、細かくすりつぶす。

❹②に③のスパイスを入れて、味をみながらヌクマムを加え、全体をあえる。片栗粉を加えて、トロンとするまで手で混ぜる。

❺たっぷりめの揚げ油を中火にかけて、衣をからませた具材を揚げる。油の温度が上がってきたら弱火にし、香ばしく揚がったら器に盛る。香菜をたっぷり添えていただく。

ミントの香りごはん

「おいしい日本の香り米で、
ベトナムの思い出の味を再現」

●約4人分
高知の香り米　2カップ
水　米の1割増し
ミント　適量
ヌクマム(またはナンプラー)　適量

※高知の香り米はインターネットなどでも購入可能。
※ヌクマムはベトナムの魚醤、ナンプラーはタイ製。

❶香り米は炊く30分前に洗っておく。

❷炊飯器で香り米を炊く。鍋で炊く場合は一割増しの水かげんで。

❸ごはんが炊き上がったら蒸らして、器に盛り、ミントをのせる。ヌクマムを少量ごはんにたらしていただく。

旅のごはんの思い出。高知産の香り米で、
北ベトナムのミントのせごはんを再現。

かつてベトナムに夢中になっていた時期があって、ドライバーと通訳のかたを現地で頼んで、あちこちを旅しました。あるときはハノイからもっともっと北のほうへ、中国の雲南省との境のあたりまで行きました。

そのときに入った食堂で、運転手さんが白いごはんの上に、そこいらへんに生えていたミントをちぎってのせ、ヌクマムをたらして食べていた。「わあ、おいしそう」って。いろいろなお料理があったので、私はその食べ方はしなかったのですが、「絶対にあとで食べよう」と心に決めてしまった。

ベトナムも北のほうでは、ミントやディルやバジルのようなハーブをよく使うのです。運転手さんのごはんの食べ方は、きっと地元の人たちの普通のごはんです。日本のお茶漬けのような。こういうことって、ガイドブックなどではあまり紹介されない。目の前で目撃しないかぎり、わからないこと。旅の醍醐味です。

さて、日本にも香り米があることを知ったのは、5年ほど前でしょうか、高知を旅したときに道の駅で見つけました。聞けば、高知では昔から香り米が普通につくられ、食べられてきたとか。高知産は米粒が小さくてかわいらしく、香りもすばらしくて、国産なので安心です。

そして生まれたのが私のミントのせごはん。北ベトナムの庶民の味を、高知の香り米で再現するという食のプランです。こんなふうに旅のごはんの思い出を自分なりに消化して、新しい食べ方や料理にしつらえることを、私はよくやります。アジアでもヨーロッパでも。

ごはんが白ですので、もうひと皿は赤いものを。エビと筍にスパイスをたっぷりからめて揚げたお料理。スパイス、紹興酒や日本の山椒も使っているし、なにしろ相手がベトナムと高知のごはんだから、まさにボーダーレスなアジアごはんです。

夏の香味野菜のサラダ

きじ焼き丼

きじ焼き丼

「甘辛味の焼き鳥のお弁当。
自家製だから2段重ねでリッチに！」

●4人分
鶏もも肉　2枚
長ねぎ　2本
酒　2/3カップ
メープルシロップ　大さじ2強
しょうゆ　大さじ4
実山椒(サッと塩ゆでする)　適量
温かいごはん　4人分
もみのり　2枚分
新しょうがの梅酢漬け、みょうがの梅酢漬けなど
　適量

❶鶏もも肉は脂をとりのぞき、すじを切り、食べやすい大きさに切る。長ねぎは2cmほどの長さの筒切りにする。

❷酒を鍋に入れ、強火にかけて煮立ててアルコール分を飛ばす。メープルシロップを大さじ1杯程度、しょうゆ大さじ3杯程度を加えて少し煮詰める。味をみて、足りないようならメープルシロップ、しょうゆを加えて好みの味にし、少しトロンとしてくるまで煮詰めて火を止める。タレを大きめのボウルに移す。

❸十分に熱した焼き網に①の鶏肉をのせて、強めの火で全面をこんがりと焼く。焼けたそばから②のタレに漬ける。網の空いているところに長ねぎをのせて焼き、焦げ目がついたら、これもタレに漬ける。実山椒を加えてさっくりあえ、全体に味をからめる。

❹弁当箱の深さの半分までごはんを詰め、③のタレをごはんに少しかけて、もみのりを散らし、③の鶏肉と長ねぎを並べる。上にごはんをふんわりのせて、タレを少しかけ、もみのりを散らして③を並べる。新しょうがの梅酢漬けなどを添える。

夏の香味野菜のサラダ

「涼しい香り、みずみずしさ。
山盛りがまたたく間になくなってしまう」

●4人分
きゅうり　2本
青じそ　20枚
みょうが　4個
新しょうが　大1片
ラディッシュ　1袋
白煎りごま　大さじ5
米酢(千鳥酢)　大さじ3
しょうゆ　大さじ1½
ごま油(玉締め絞りごま油)　大さじ1½

❶きゅうりは皮をところどころ少しむき、5～6cm長さに切って、かつらむきにし、さらに細いせん切りにする。しそ、みょうがはそれぞれ、きゅうりと同じ長さの細いせん切りにする。新しょうがは皮をむき、同様に長く細いせん切りにする。

❷①を氷水に2～3分つけて、野菜がパリッとしたら水気をきる。ボウルを重ねたザルに入れて、ふたをし、冷蔵庫で冷やしておく。

❸ラディッシュは茎を切り落として、スライサーでごく薄い輪切りにし、氷水につけてパリッとさせる。

❹白煎りごまは新しいものならそのままで、封を切ったごまなら、もう一度から煎りして香ばしくする。すり鉢に入れて半ずりにし、米酢2に対して、しょうゆ1、ごま油1の割合で調味料を加え、ごま酢ドレッシングを作る。

❺②の野菜、水気をきったラディッシュをさっくり合わせて器に盛り、ごま酢ドレッシングを添える。

子供のころ、母のお供で築地へ行って
初めて食べたきじ焼き丼を再現。

小学生のころ、「はい、一緒に来なさい」と母にいわれて、築地へよくついていったのです。買い物の荷物持ちに。実家は千葉の市川でしたが、母はしばしば築地へ食料品の買い物に出かけていました。

築地へ行くと、私は玉子焼き屋さんの前でずっと卵の焼き方を見ていて、作り方を目で覚えてしまったり。子供なのに渋いものが好きで、玉子焼き屋さんの向かいにあった珍味屋さんで「もずくを買ってちょうだい」とおねだりしたり。お寿司などのお昼を母とふたりで食べるのも楽しみでした。

あるとき焼き鳥屋さんみたいな店へ入り、そこで初めてきじ焼き丼を食べて「ああ、おいしい」。本当においしくて、私は結婚するまで料理をいっさいしなかったのですが、その味の記憶だけはずっと残っていたわけです。

だから私のきじ焼き丼は、そのときのおいしさの記憶がベース。お店で食べたきじ焼き丼にはのりが敷いてあったので、必ずのりを入れます。タレはやっぱり甘辛で。でも砂糖はあまり使いたくないので、メープルシロップのすっきりとした甘味にしたり。ねぎの焼いたのがいっぱい入っているとうれしいな、とか、山椒が好きなので実山椒をのせたりとか。そんなふうに自分好みのきじ焼き丼ができていったのです。

鶏とねぎを網で焼いてタレに漬けるだけなので、ごちそうのわりには簡単。具だけをたっぷり大鉢に盛り込めば、みんなで集まる酒席の肴にぴったりです。ごはんの上にのせて丼にするときも、お弁当箱にひとり分ずつ盛り込んでおもてなしにすると素敵です。

もうひと品はグリーンの野菜が欲しいですよね。薬味にするような野菜をたっぷり用意して、ごま酢ドレッシングで食べるとおいしい。力のわくきじ焼き丼と、清涼感のある香味野菜のサラダ。蒸し暑い初夏の献立です。

シュウマイ

青菜の油ゆで

青菜の油ゆで

「炒めるのとは違う、
たまらなくおいしい青菜の食べ方」

●6人分
青梗菜　2束
小松菜　2束
塩　少々
ごま油　適量
〈タレ〉
┌ 鶏のスープ　2/3カップ
│ にんにく　2〜3片
│ 赤とうがらし　1〜2本
│ ヌクマム　大さじ2〜3
└ しょうゆ　適量

❶青梗菜は茎を縦に4等分ほどに切り、茎、葉とも3
cm長さに切る。小松菜は葉と茎を3cm長さに切る。青
梗菜、小松菜とも葉と茎に分けて、使うまで冷水につ
けておく。

❷中華鍋か大きな鍋に湯をたっぷり沸かし、塩を加え、
表面にうっすらと油の膜ができるぐらい、ごま油をた
らす。このお湯で、青梗菜の茎と葉、小松菜の茎と葉
をそれぞれ歯応えよくサッとゆでて、ザルに上げる。

❸タレを作る。小鍋に鶏のスープ、たたいたにんにく、
半分にちぎって種を抜いた赤とうがらしを入れて火に
かける。沸いてきたらヌクマムを加え、しょうゆで味
をととのえる。

❹②の青菜の粗熱がとれたら、両手で水気をギュッと
絞る。

❺③の熱いタレを皿に敷き、④の青菜を上にのせる。
タレで野菜をあえていただく。

シュウマイ

「干し貝柱入り、春雨入り。
リッチで歯応えよくやみつきになる味」

●6人分
豚ひき肉　500g
干し貝柱　12〜13個
干ししいたけ　3〜4枚
春雨(乾燥)　50g
長ねぎ　2/3本
しょうが　1片
塩　小さじ1
こしょう　少々
酒　適量
シュウマイの皮　40〜45枚
溶きがらし、しょうゆ　各適量

❶干し貝柱は、ひたるぐらいの水に2日間ほどつけて
もどす。軟らかくもどったら、フードプロセッサーに
かけて細かくほぐす。もどし汁も使うのでとっておく。

❷干ししいたけは水につけて、十分に軟らかくなるま
で時間をかけてもどす。大きなものは4等分ほどに切
ってから、薄切りにする。

❸長ねぎ、しょうがはみじん切りにする。

❹春雨は水でもどし、しなっとなったら水気をきって、
はさみで2〜3cm長さに切る。

❺大きなボウルに豚ひき肉を入れ、①〜③の材料、貝
柱のもどし汁(適量)、塩、こしょうを加えて手でよく
混ぜる。右回転にグルグルと手を回して、ネットリと
粘りが出てくるまで十分に混ぜる。春雨も加えて混ぜ
合わせる。あんが硬いときは、酒少々を加えて調整す
るとよい。

❻シュウマイの皮に⑤のあんを大さじ1ほどのせて、
細長い形(縦長の円柱形)になるように形作りながら包
む。シュウマイの底を手で平らに整えながら、オーブ
ンシートを敷いたセイロに並べる。

❼蒸気の上がった中華鍋の上に⑥のセイロをのせ、ふ
たをして中火でおよそ15分蒸す。蒸し上がったら、
すぐにセイロを扇風機のそばに置き、ふたを開けて、
シュウマイに扇風機の風を当てて冷ます。皮が乾いた
ら食卓へ運び、好みで溶きがらし、しょうゆをつけて
いただく。

干し貝柱と春雨入りで、シュッと細い形。
うちのシュウマイは扇風機がある時期限定。

　ずいぶん昔、何十年も前の話です。何かの本に〝おいしいシュウマイの店が中華街にある、その店ではシュウマイを扇風機で冷やす〟と書いてあるのを読んで、「えーっ、おもしろいな」と思って行ってみたんです。

　巷のシュウマイは皮がペタッとしていて、ストンとした形で、何かデンプン質のものを入れているな、と思わせる味がするでしょう？　それがいやで、自分でおいしいシュウマイを作るしかないと思っていたわけです。

　店の名前も覚えていないし、実際のシュウマイの味も忘れてしまったのですが、ひとりで中華街へ行き、シュウマイを買って帰ったことは確かで。これがきっかけで、〝うちのシュウマイ〟ができました。

　脂身のあるほうがおいしいので、豚肩ロースをお肉屋さんでひいてもらい、そこに干し貝柱と春雨が入ります。肉と魚介のうま味の両方が入っているから深みのある味です。形はシュッと細くて、春雨がツンツンと飛び出しているのが特徴です。

　蒸し上がったら、すぐに扇風機に当てて冷まします。蒸してそのまま置いておくと、ボワッとした感じになるけれど、扇風機で冷ますことで肉がキュッと締まっておいしくなるのです。

　シュウマイは包むのに時間がかかるので、人の手がたくさんあるときに、みんなでおしゃべりしながら作りたい。ですから、扇風機のある時期で、人が集まるとき限定のわが家の名物。年中食べられるものではないので、「今日はシュウマイよ」というと歓声が上がります。

　もうひと品は野菜。中華の手法で油入りの湯で青菜をゆでると、色がきれいで野菜がおいしくなる。鶏のスープがベースのタレを器に敷き、その上に青菜をのせる盛りつけで、シンプルな料理もエレガントなひと皿になります。

卵とトマトのスープ

ししとうのチャーハン

ししとうのチャーハン

「暑くなると食べたくなる味。
ししとうがだいぶ入ります」

●3〜4人分
ごはん　茶碗4杯分
ししとう　3パック(約40本)
じゃこ　1カップ
にんにく　2片
ごま油　大さじ3
しょうゆ　大さじ1強
黒こしょう　適量

❶ししとうはヘタを切り、縦に切り目を入れて種をざっととり、小口切りにする。にんにくはみじん切りにする。

❷フライパンにごま油をひき、にんにくを入れて、優しい火かげんでゆっくりと炒める。炒めるというよりも、多めの油で揚げている感覚。にんにくが少し色づいてきたら、じゃこを入れ、カリカリになるまで時間をかけてゆっくり炒める。

❸じゃこがカリカリになったら、しょうゆをジュッとかけて味を含ませる。ここへごはんを入れて炒め合わせ、ししとうを加えてサッと混ぜる。好みで黒こしょうをひく。

卵とトマトのスープ

「自分でとったスープはおいしい。
体を癒してくれそうな滋味。ぜひ作って」

●3〜4人分
〈チキンスープ〉
┌ 鶏むね肉　大1枚
│ 玉ねぎ　1個
│ セロリ　1本
└ 水　適量
卵　2個
ミニトマト　10個
塩　少々
片栗粉　大さじ1/2
水　大さじ3

❶チキンスープをとる。鶏むね肉をきれいに洗って鍋に入れ、玉ねぎとセロリを適当に切って入れる。しっかりとかぶるぐらいの水を注ぎ、優しい火かげんで30〜40分、コトコトとゆでる。火を止めたらそのままおいて冷まし、スープをこす。鶏肉を保存するときは、スープに浸した状態で冷蔵庫に。

❷①の鶏肉の適量を手で裂いて、銘々の器に入れる。

❸小さなボウルに卵を溶いておく。ミニトマトは横半分に切る。

❹①のスープを人数分だけ鍋にとり、温めて塩で味をととのえる。

❺片栗粉を同量よりもやや多めの水で溶き、④のスープに加えて、ごくゆるいとろみをつける。トマトを入れて少し煮、フツッと沸いてきたら卵を流し入れ、半熟ぐらいで火を止める。

❻⑤を②の器に注ぐ。

青い香り、ほのかな苦味がくせになる
ししとうのチャーハンは夏の味。

　夏になると、昔からよく作っているのがししとうのチャーハン。ししとうって、料理の添え物としてちょこっと食べるもので、なかなかたくさんは使わないでしょう？　ところがうちのチャーハンは、3〜4人分でししとうを3パックぐらい入れるんです。

　ピーマンや万願寺とうがらしに比べると、ししとうはペラッとしていて、なんだか頼りない感じですが、逆にそれがチャーハンには好都合。ごはんとなじみがよく、ししとうのほろ苦さと軟らかさがとてもおいしいのです。グリーンたっぷりのチャーハンは、夏に元気をくれる感じがします。

　ししとうの相手はなんでもいいです。桜エビでもベーコンでもパンチェッタでも、もちろんひき肉でも。肉系、魚系のうま味が何か少し入ることで、グッと味がよくなります。

　チャーハンがグリーンなので、スープは卵の黄色とトマトの赤を効かせて。私は鶏の胸肉でスープをとります。ガラなどでとるスープよりも、胸肉のスープは柔らかいうま味のスープです。

　スープをとるといっても簡単。胸肉を買ってきて、そのときにある野菜クズなどと一緒に水からゆでるだけ。30〜40分静かな火でゆでたら、火を止めて鶏肉を入れたままにしておきます。そうすると、スープの中で鶏肉もしっとりとして、スープもおいしい、鶏肉もおいしい、両方おいしい。

　ふわふわの卵にはコツがあります。ゆるめの水溶き片栗粉を、とろみを感じないぐらいにスープに加えるのです。こうすると、ふわっと雲みたいに卵が浮いてくる。失敗なしです。でも水溶き片栗粉を入れなくてもOK。静かに沸いているスープに溶き卵を流し入れて、絶対に混ぜないで卵が浮かんでくるのを待つ。こうすればにごらず、きれいな卵のスープができます。

キャベツとにんじんのサラダ

塩ダラの卵揚げ、とうもろこしごはん

塩ダラの卵揚げ、
とうもろこしごはん

「魚をくずして、ごはんと混ぜながら食べる。
ポルトガルの夏の思い出の味」

●4人分
バカリャウ(塩ダラの天日干し)　4切れ
小麦粉　適量
溶き卵　1〜2個分
にんにくのすりおろし　1/2片分
揚げ油　適量
レモン　適量
〈とうもろこしごはん〉
┌ とうもろこし　3本
│ 炊いたごはん　米3カップ分
│ バター　大さじ4〜5
└ 香菜　適量

＊ポルトガルのとうがらし入り粗塩を添えて。

❶バカリャウは3日ほど水につけて塩抜きする。

❷とうもろこしは蒸して、長さを2〜3等分に切り、芯から実を切り取る。このとき、ペティナイフでまずは縦に切り込みを入れて一列分の実をはずし、次からは実の根元にナイフを入れて、ナイフで外へはじき出す感覚で縦に実を切り取っていく。香菜は細かくちぎる。

❸炊きたてのごはんに、②とバターを加えて混ぜる。

❹①のバカリャウは水気をふき取り、おろしにんにくをつけ、しっかりと粉をまぶしつける。卵液をつけて、低温の揚げ油に入れ、時間をかけてゆっくりと揚げる。キツネ色に揚がったら取り出して油をきる。

❺とうもろこしごはんの上に、④の塩ダラの卵揚げをのせ、レモンとちぎった香菜を添える。

キャベツとにんじんのサラダ

「野菜はあえて粗めに刻んで。
そのほうがソースがからんでおいしい」

●4人分
キャベツ　1/4個
紫キャベツ　1/4個
にんじん　小2本
〈ソース〉
┌ イタリアンパセリのみじん切り　5〜6本分
│ にんにくのすりおろし　1/2片分
│ オリーブオイル　1/3カップ〜
└ 酢、塩、こしょう　各適量

❶キャベツ、紫キャベツ、にんじんは、あれば大きなチーズおろし器のようなものでザクザクと細切りにする。なければ包丁で、繊維に対して斜めにせん切りにする。

❷ソースの材料を混ぜ合わせる。

❸紫キャベツ、にんじん、キャベツ……と皿に重ねて盛り、ソースを添える。いただくときはソースをかけて、全体をよくあえる。

何度行ってもおいしいポルトガル。
市場で食べた塩ダラのごはんが忘れられなくて。

ポルトガルは本当においしい。何度行ってもおいしい。自分の好みに合う料理が多いのかな。イタリアとはまた違うおいしさがあります。

リスボンの市場でとても混んでいる食堂を見つけました。地元の人たちがおいしそうにごはんを食べているので、「ここにしよう」と看板も出ていないような店へ入っていって。ポルトガル語はわからないし、メニューに英語の表記もないので、「あれをください」とみんなと同じものを注文し、出てきたのがバカリャウのフリットをのせたごはんです。

バカリャウはタラの塩漬けを干したもので、ポルトガルではとてもポピュラーな食材。私は生のタラはあまり好きではないのですが、バカリャウはとても好き。食堂ではグリーンピースごはんの上に、バカリャウのフライの大きいのがバンとのっていて、レモンを搾りかけて食べるのです。赤とうがらしと粗塩を混ぜたものをふりかけて。あれがまた食べたくて食べたくて。ポルトガルへ行くとバカリャウを買って帰り、自分で作るようになりました。

もうひと品は野菜が欲しいので、サラダを。キャベツ、紫キャベツ、にんじん……なんてことのない野菜ですが、せん切りにして重ねると、とてもきれい。食べるときに混ぜて、にんにくとイタリアンパセリのグリーンソースであえていただきます。バカリャウのフリットをのせたとうもろこしごはんと、エンドレスで食べ続けてしまいそうな好相性。

ちなみに紫キャベツはこういうときに、とても役に立ちます。ないんですよね、この色がほかに。サラダは色を考えながら、野菜を選んで作るのが楽しい。2皿を作るとき、色はとても大事。対照的な色合いの料理はお互いを引き立て合う。口で食べるおいしさだけじゃなくて、見た目も大事です。料理は口だけでなく、いろいろな部分で感じて味わっているのです。

マグロのタルタルのブルスケッタ

ポモドーロ・スー・ポモドーロ

ポモドーロ・スー・ポモドーロ

「トマトの上のトマト、という名前のパスタ。
トマトのおいしい季節だからこそ！」

●2〜3人分
スパゲッティ　180g
┌ 水　2ℓ
└ 塩　大さじ1
パッサータ(トマトの水煮の裏ごし)　1瓶(約680mℓ)
トマト(大小さまざま取り混ぜて)　500gぐらい
┌ 塩、オリーブオイル　各適量
└ 赤とうがらし　適量
バジル　適量
パルミジャーノ・レッジャーノのすりおろし　たっぷり
オリーブオイル　適量

※できあがったトマトソースを適量使用。
余ったらほかの料理にも使える。

❶鍋にパッサータを入れて、弱めの火でトロンとする
まで煮詰め、トマトソースを作る。

❷トマトをひと口大にザクザクと切ってボウルに入
れ、塩、オリーブオイルを加えて軽く混ぜ、なじませ
る。辛いのが好きならば、赤とうがらしを小口切りか、
細かくちぎって加えてもよい。

❸分量の湯を沸かして、塩を入れ、スパゲッティをゆ
ではじめる。

❹ゆで上がったスパゲッティをボウルに入れ、おろし
たてのパルミジャーノを加えて溶けるまで混ぜ、①の
トマトソースを適量加えてよくあえる。

❺④を皿に盛り、バジルをのせて、②のトマトを上に
のせる。好みでおいしいオリーブオイルを回しかけて
いただく。

マグロのタルタルのブルスケッタ

「南イタリアの海辺の気分で。
冷たい白ワインによく合う」

●約4人分
マグロ(刺身用)　200g
┌ ケイパー(塩漬け)　1/2カップ
│ 玉ねぎ　1/2個
│ あさつき　1束
│ イタリアンパセリ　適量
│ オリーブオイル　適量
│ にんにく　1/2片
│ 粗塩　少々
└ 赤とうがらし　適量
バゲット　1/2本

❶ケイパーは水に少しつけて塩分を軽く落とし、水気
をふいて包丁で粗く切る。玉ねぎは粗みじんに切る。
あさつきは小口切りにする。イタリアンパセリはみじ
ん切り、にんにくもみじん切りにする。

❷ボウルにケイパー、玉ねぎ、あさつき、イタリアン
パセリ、にんにくを入れ、オリーブオイル、粒が粗め
の塩を入れて混ぜる。辛いのが好きならば、赤とうが
らしを小口切りか、細かくちぎって加えてもよい。

❸マグロは6〜7mmの角切りにする。②に加えてあえる。

❹バゲットを斜め薄切りにして、180℃のオーブンに
入れてカリカリに焼く。

❺④のバゲットに③をこんもりとのせる。

ひんやりとしたお刺身のブルスケッタと
トマトのパスタ、私の好きな夏のイタリアン。

　暑い季節に食べたくなるイタリアンといえば、まずはお刺身のブルスケッタ。脂ののったマグロを香味野菜やオリーブオイルであえてタルタルにして、カリッと焼いたパンにのせて頬張るのです。ひんやりとしたフレッシュなタルタルと、熱いトーストの組み合わせがたまらなくおいしくて、これはもう、冷たい白ワインがすすんでしょうがない。

　シチリアやサルデーニャでは、お刺身をこんなふうに食べるんです。

　ケイパーはイタリアで海辺によく生えているハーブで、産地が同じものは合うので、魚介につきもの。塩漬けのケイパーを水につけて少し塩を落とし、塩分と香りの調味料として使います。そこに、粒が粗めの塩を少し加えて、塩分というよりもカリッとした食感をタルタルにプラスする。この塩の食感がまた、ワインを誘います。

　マグロではなくアジで作ってもよく、きゅうりやトマトを粗みじんに切って塩もみして入れてもいいです。

　もうひと品の真っ赤なパスタは、ポモドーロ・スー・ポモドーロ。イタリア語でポモドーロはトマト、スーは〝上〟という意味。つまり〝トマトの上のトマト〟という名前です。これはレストランで食べるものではなくて、イタリアの家庭でよく出てくるような気取らないお料理。

　トマトソースであえたパスタの上に、フレッシュなトマトをたっぷりのせていただきます。まさにトマトづくし。だから日本でも、本当においしいトマトが出まわる夏に食べたいのです。

　上にのせるトマトは、ミニトマトや大きなトマトをあれこれ取り混ぜても楽しい。道の駅などで露地もののおいしいトマトに出会ったら、ぜひ作ってみてください。

タコのカルパッチョ

ケイパーとじゃがいものサラダ

ケイパーと
じゃがいものサラダ

「ケイパーを野菜と同じ感覚で
たっぷり入れるのがエオリア諸島流」

●約4人分
ケイパー(塩漬け)　1/2カップ
じゃがいも(キタアカリなど)　3個
きゅうり　3本
紫玉ねぎ　1個
ミディトマト　20個ぐらい
黒オリーブの塩漬け
　(粒の小さいもの)　20粒ぐらい
塩、レモン、オリーブオイル　各適量
バジル　3枝ぐらい(たっぷり)

❶ケイパーは水につけて、塩抜きをする。

❷きゅうりはところどころ皮を薄くむき、1cm幅の輪
切りにする。紫玉ねぎは5mm幅のくし形に切る。とも
に大きなボウルに入れて、塩小さじ1/2をふっておく。

❸じゃがいもは軟らかく蒸して、皮をむき、4つ割り
にしてから軽くつぶす。塩小さじ1/2、レモンの搾り
汁1/2個分、①のケイパーを加えて混ぜる。

❹②の野菜から水分が出てきたら絞り、このボウルに
③を加え、食べやすく切ったミディトマト、黒オリー
ブも加える。塩、レモンの搾り汁、オリーブオイル各
適量で味をととのえて、最後にバジルを大きくちぎり
ながら加え、さっくりあえる。

タコのカルパッチョ

「あとからふった塩、ひたひたのレモン汁で、
フレッシュなおいしさが引き立つ」

●約4人分
水ダコ(湯引きしたものの薄切り)　2パック
　※タコの刺身でも可
塩(「フルール・ド・セル」などのおいしい塩)　適量
レモン　1〜2個
オリーブオイル　適量
赤とうがらし　適量
〈グリーンソース〉
┌ イタリアンパセリ　1束
│ チャイブ　1束
│ にんにく　1片
└ オリーブオイル　1/2カップ

❶グリーンソースを作る。イタリアンパセリ、チャイ
ブ、にんにくをフードプロセッサーに入れ、オリーブ
オイルを少々加えて攪拌する。オイルを足しながら攪
拌し、なめらかなソースを作る。

❷タコを皿に並べて、塩を全体にていねいにふる。レ
モンの搾り汁をひたひたにかけ、オリーブオイルをた
っぷりと回しかける。

❸①のソースをかけて、みじん切りにしたとうがらし
を散らす。

地中海のみずみずしいお料理を思い出して
レモンとハーブでフレッシュに。

　エオリア諸島は、シチリアの北の海に浮かぶ7つの小島郡。なかでもサリーナ島は〝ケイパーの島〟として知られ、紀元前からケイパーが自生していたそうです。

　そんな話を聞いて、興味津々でサリーナ島へ出かけていったことがあります。小さな島なのですが、香りのよいケイパーをふんだんに使う料理や、レモンとオリーブオイルをかけてシンプルに食べる新鮮な魚介のおいしさに、すっかり魅せられてしまいました。

　あちらでは〝手のひらいっぱい〟というのですが、つまり〝たっぷり〟の意味で。じゃがいもときゅうりとトマトのサラダも、手のひらいっぱいの塩抜きしたケイパー、手のひらいっぱいのちぎったバジルを入れて、オイルをかけて、レモンをぎゅっと搾って、はいできあがり、という感じ。香りも味わいもみずみずしくて、生き返るような思いです。

　日本でじゃがいものサラダというと、マヨネーズであえたポテトサラダを思い浮かべるかもしれませんが、暑い季節にマヨネーズは重いでしょう？　レモンとオイルと塩で食べてみてください。蒸したじゃがいもが甘く感じられて、本当においしいです。

　タコのカルパッチョは、薄く切ってお皿に並べたタコに、レモン汁をひたひたにかけて、おいしいオリーブオイルをたっぷり、そこへハーブとにんにくの緑のソースをかけます。見た目にも清涼感があるし、これもとても香りがいいのです。

　日本のおいしいタコで、ぜひ作っていただきたいです。日本の魚介は世界で一番といいたいぐらい格別なので、〝日本の食材で作るイタリアン〟もすばらしいと私は思っています。

きゅうりサラダ

ベトナム風オムレツ

ベトナム風オムレツ

「パリッと香ばしいオムレツ。
これはぜひ、ビールと一緒に」

●約4人分
卵　6個
エビ(殻つき、冷凍)　12尾
もやし　1袋
紫玉ねぎ　1/2個
サラダ菜(サニーレタスなど)　1株
サラダ油　大さじ1
ごま油　適量
塩、こしょう　各少々
〈トマトダレ〉
┌ トマト　小2個
│ にんにくのみじん切り　1片分
│ 赤とうがらしの小口切り　2本分
│ ヌクマム　50㎖
│ メープルシロップ　50㎖
└ 酢　50㎖

❶冷凍エビは塩水につけてもどし、さっと洗って水気
をよくふきとる。殻をむき、背を開いて、あれば背わ
たを取り除く。

❷もやしは洗って水気をきっておく。紫玉ねぎは縦に
薄切りにし、サラダ菜は1枚ずつにほぐす。紫玉ねぎ
とサラダ菜は、使うまで冷水につけておく。

❸トマトダレを作る。トマトは1.5cm角程度に切り、
ほかの材料とともにボウルに入れて混ぜ、少しおいて
味をなじませる。

❹フライパンにサラダ油大さじ1を熱し、エビを炒め
る。両面の色が変わったら塩、こしょうを軽くふって、
取り出しておく。紫玉ねぎの水気をきる。

❺ボウルに卵を割りほぐし、塩、こしょう各少々を混
ぜる。小さめのフライパンをよく熱し、ごま油をたっ
ぷりひいて鍋肌に油をよくなじませ、余分な油をあけ
る。卵液の1/4量を流し入れ、フライパンを回して均
等に行き渡らせ、上にエビ3尾、紫玉ねぎ1/4量、も
やし1/4量をのせる。

❻皿などの上に❺のフライパンを傾けて、菜箸でオム
レツを半円にパタンと折りたたみながら皿に移す。残
り3つも同様に。

❼器にサラダ菜を敷いて、オムレツをのせる。各人で
取り分け、オムレツを箸で食べやすい大きさに切り、
サラダ菜で巻いて、トマトダレをかけていただく。

きゅうりサラダ

「きゅうりの翡翠色、
さわやかさを目でも味わって」

●約4人分
きゅうり　6本
にんにく　2片
香菜、ミント、ディル　各適量
ヌクマム(ベトナムの魚醤)　大さじ2

※ヌクマムのかわりにナンプラー(タイの魚醤)を
使うときは量を少し控えめに。

❶きゅうりは両端を切り落とし、ピーラーで皮をむい
て、縦4等分、長さを3等分に切る。にんにくは軽く
たたきつぶす。

❷ボウルに❶のきゅうりとにんにくを入れて、ヌクマ
ムをふりかけ、軽く混ぜる。15分ほどおいて味をな
じませる。

❸香菜、ミント、ディルを食べやすくちぎって加え、
さっくりあえて器に盛る。

きゅうりとディルの組み合わせ。
現地でないと出会えなかったベトナムの粋。

　ベトナムへ足繁く通っていたのは、25年以上前。まだ日本ではベトナム料理はあまり知られていなかったころです。フレッシュな野菜や香草をたっぷり食べるベトナム料理のとりこになって、北から南まで方々を旅しました。

　ハノイから車で7〜8時間ほど東にあるハロン湾は、風光明媚な観光地。その海岸近くの食堂で出会ったのが、きゅうりとディルのサラダです。緑のコントラストがさわやかで、大ぶりに切ったきゅうりの食感と、すがすがしいディルや香菜の香りがすばらしく、「こんな食べ方があるのね」とすっかり魅せられました。

　ディルは北欧でサーモンに合わせたりと、北ヨーロッパでよく使われるハーブですが、ベトナムでも北のほうでは本当によく使われています。

　このサラダを作るときはぜひ、きゅうりの皮をむいてください。皮をむくことで青くさい香りがたちます。ちなみにきゅうりは、皮をむいた下が翡翠色ならおいしい証拠。夏のきゅうりでないとこの色は出ません。

　一方のオムレツは、ベトナム南部のホーチミンの屋台料理〝バインセオ〟をアレンジしたもの。

　本場では卵に米粉を混ぜたカリカリの皮に、具を包んで食べるのですが、それが最初はわからなくて。自分で何度作っても同じようにできないので、店の人が道端にしゃがんで作っているところを一緒にしゃがんで写真に撮ったり、ビデオをまわしたりして研究しました。そうしてようやく、ベトナムの米粉を使わないと、あのカリカリ感は出ないとわかって納得。

　ですから、本場のバインセオは自宅で食べることはあきらめて、卵焼きでアレンジです。ヌクチャムというとうがらし入りの甘酢ダレに、トマトをたっぷり入れるのも私流。これはこれでとてもおいしいのです。

ガスパチョのサラダ

ガーリック・フライドチキン

ガーリック・フライドチキン

「盛夏のフライドチキンには
にんにくをしっかり効かせて」

●約4人分
鶏(大) 1/2羽(鶏が小さければ1羽)
にんにくのすりおろし 4〜5片分
オレガノ 大さじ1
ドライタイム 大さじ1
塩 小さじ2
黒こしょう 適量
オリーブオイル 適量
小麦粉 適量
揚げ油 適量
黒こしょう 好きなだけ
〈つけ合わせ〉
┌ 新じゃがいも 4個
│ 粗塩(ゲランドの「フルール・ド・セル」)、黒こしょう
└ 各適量

❶鶏はキッチンばさみで、ももを半分に切り、胴体は
3〜4つに切る。にんにくのすりおろし、タイムとオ
レガノ、塩、黒こしょう、オリーブオイルをよくすり
込んでマリネしておく。

❷じゃがいもは皮つきのまま3mmほどの厚さに切る。
水に放ち、ザルに上げて水気をよくふきとる。

❸揚げ油を中温に熱して、じゃがいもを入れ、ときど
き返しながら揚げる。途中で引き上げて少し休ませ、
その間に油の温度を上げて、再びじゃがいもを入れ、
2度揚げしてキツネ色に仕上げる。熱いうちに塩、黒
こしょうをふっておく。

❹揚げ油をしばらくおいて温度を下げる。①の鶏に小
麦粉をまんべんなくはたき、揚げ油に入れて、低い温
度から揚げていく。初めはいじらず、色づいてきたら
向きを変えて、徐々に温度を上げながら、10〜12分
かけてゆっくり揚げる。途中で引き上げて油の温度を
上げ、2度揚げ、あるいは3度揚げするとカラリと仕
上がる。

❺揚げたてに黒こしょうをふり、③のフライドポテト
とともに器に盛りつける。

ガスパチョのサラダ

「スープとサラダの中間のような。
私の夏の元気の素」

●約4人分
ミニトマト 40個ぐらい(つぶして600ml)
┌ ミニトマト 20個
│ きゅうり 2本
│ 新赤玉ねぎ 1/2個
│ アボカド 1個
A レモン 1個
│ 香菜 4〜5枝
│ ミント 適量
└ 新にんにく 1片
クミンパウダー 大さじ1
タバスコ 適量
塩 少々
ライム 1個
香菜、ミント、E.V.オリーブオイル 各適量

❶ミニトマトはヘタをとり、フードプロセッサーにか
けて軽くつぶし、冷蔵庫で冷やしておく。

❷Aのミニトマトはヘタをとって半割りにする。きゅ
うりは皮を縞目にむき、5mm幅の輪切りにする。新赤
玉ねぎは薄切りにして、辛ければ水にさらし、ペーパー
タオルで水気をとる。アボカドは皮と種をとり、食
べやすく切ってボウルに入れ、レモンを搾りかける。

❸Aの香菜は細かく刻む。ミントはせん切りにする。
新にんにくはみじん切りにする。

❹ボウルに①とAの材料をすべて入れる。クミンパウ
ダーとタバスコを好きなだけ加えてあえ、味をみて塩
でととのえる。

❺グラスに入れて香菜とミントを飾り、くし形に切っ
たライムを添える。オリーブオイルを回しかけ、ライ
ムを搾っていただく。

野菜のビタミンと、ガーリックチキンの活力。
夏の体が求めているものを食べましょう!

　野菜がたくさん入るガスパチョは、夏の私の元気の素。スープというよりも、スプーンですくって食べるサラダみたいな感じで、食欲のないときもこれを一杯食べればたちまち元気に。朝ごはんにもおすすめです。

　旬の味の濃いトマトを軽くつぶして、冷蔵庫で冷やしておきます。そこへ、きゅうり、玉ねぎ、アボカド、ハーブやスパイスを加えて、レモンとライムをたっぷり搾り込む。

　ビタミン豊富で、エクストラバージンオリーブオイルも入るのでポリフェノールもばっちり。夏の体が求めているものが、これ一杯にすべて入っているわけです。レモンだけでもいいけれど、ライムを入れるとやっぱり香りが違います。

　もうひと品はみんなが好きなフライドチキン。フライドチキンはいろいろなタイプを作りますが、夏ならにんにくを効かせたガーリックチキンを。

　お肉屋さんに頼んでおいて、ぜひ、丸ごとの鶏を手に入れてください。丸ごとの鶏といっても、さばいてみればそれほど量は多くないし、値段も決して高いものではないです。

　それに、もも肉ばかりを食べるよりも、鶏のあちこちの部位を食べられるのは楽しいし、おいしい。丸鶏はキッチンばさみとペティナイフ一本で、簡単にさばくことができます。

　にんにくとオイルなどで鶏肉を漬け込み、粉をまぶしてカラリと揚げて、あつあつに黒こしょうをたっぷりひきます。フライドチキンときたら、やっぱりポテトが欲しいですよね。鶏を揚げる前の油で素揚げして、ポテトとチキンを一緒に盛り合わせると、見るだけでおいしそう。食欲がわいてきます。そしてもちろん、ビールが必須です。

とうもろこし玄米ごはん

豚肉と素揚げ野菜のスパイスじょうゆあえ

豚肉と素揚げ野菜の
スパイスじょうゆあえ

「ピリッとして、
香ばしさがたまらない。
玄米ごはんと食べたいおかず」

●約4人分
豚肩ロースかたまり肉　500g
ゴーヤ　1本
パプリカ(赤・黄)　各1個
新しょうが　大1片
青とうがらし　1〜2本
にんにくのすりおろし　少々
しょうゆ　大さじ2
A ┌ クローブ(ホール)　大さじ1
　├ コリアンダー(ホール)　大さじ1
　├ クミン(ホール)　大さじ1
　└ オリーブオイル　大さじ1
赤とうがらし　少々
クローブ(パウダー)、コリアンダー(パウダー)、
　クミン(パウダー)　各適量
揚げ油　適量

❶豚肉は片面に格子状に細かく包丁目を入れ、大きめ
のひと口大に切る。

❷ゴーヤは縦半分に切り、スプーンでわたと種を取り
除く。内側に縦に包丁目を1本入れてから手で食べや
すく割ったり、包丁で切ったりする。パプリカはヘタ
と種をとり、手で食べやすく割って、内側の白い部分
を取り除く。新しょうがは皮つきのまま、縦に大きめ
に切る。

❸揚げ油を高温 (180℃ぐらい) に熱し、ゴーヤ、パプ
リカ、新しょうがをそれぞれさっと揚げて、油をきっ
ておく。

❹❸の油で豚肉を揚げる。やはり180℃ぐらいの高温
で、途中で返しながら、肉の表面がカリカリになるま
で、時間をある程度かけてじっくり揚げる。

❺小さめのフライパンにAを入れ、弱火にかけて香り
をたてる。

❻青とうがらしは斜めの薄切りにして、大きなボウル
に入れる。おろしにんにく、しょうゆを❺に加える。

❼豚肉がカリッと揚がったら、❻のボウルに入れ、❺
のスパイスオイルも加える。赤とうがらし、パウダー
のスパイスを好みで加えて、肉と野菜に味をよくから
める。

とうもろこし玄米ごはん

「噛むほどに甘い、
日本の夏ごはん」

●約4人分
玄米　2カップ
水　2カップ
とうもろこし　2本
E.V.オリーブオイル　適量
塩(ゲランドの「フルール・ド・セル」がおすすめ)
　適量

※玄米はカムカム鍋の大きさが2合炊きの場合には炊
き時間1時間15分、3合炊きの場合には55分〜1時間
が目安。

❶玄米は洗って、分量の水とともにカムカム鍋*に入れ、
カムカム鍋のふたをする。圧力鍋の中に入れ、カムカ
ム鍋の高さの半分まで水を入れて、圧力鍋のふたをす
る。

❷強火にかける。シューッと音がしてくれば、圧がか
かりはじめた合図。そのまま強火で2〜3分、シュー
シューという音がする状態で加熱してから、弱火で1
時間15分炊く。

❸とうもろこしは皮つきのまま蒸して皮をむき、ひげ
根を取り除き、ペティナイフで実をこそげとる。

❹❷の圧力鍋の火を止め、すぐにふたに水をかけて圧
を下げる。ふたをとり、玄米ごはんをほぐす。ごはん
が温かいうちにとうもろこしを混ぜ、オリーブオイル
をたっぷりふりかけて軽く混ぜる。器に盛り、好みで
塩をふっていただく。

※カムカム鍋(株式会社オーサワジャパン)は圧力鍋の
中に入れて炊く陶器の内鍋。この鍋を使用すると、玄
米を長時間浸水させなくても、すぐに炊くことができ
る。

夏がくると何回も作る、とうもろこし玄米ごはん。
スパイシーな揚げ豚との組み合わせは最強。

とうもろこしを混ぜた玄米ごはんは、わが家のスペシャリテ。

玄米はよく噛んで食べることで甘くなり、消化もよくなるのですが、噛むのが苦手な人もいるんですよね。そこで、とうもろこしを混ぜることを考えたのが最初です。とうもろこしの粒を噛むと、玄米も一緒に噛むことになるので。オリーブオイルと塩をまぶして食べることで、玄米ととうもろこしの自然な甘味がさらに引き立ちます。

このごはんに合わせるのはスパイシーな揚げ豚。素揚げした豚肉やゴーヤに、クローブなどのスパイスを混ぜたしょうゆをからめます。想像してみてください。これを、甘いとうもろこし玄米ごはんと交互に口に入れると…口の中がおいしそうでしょう!?

それが、例えば揚げ豚に白いごはんだとしたら、「ちょっと違うかな。白米では弱いかな」と思うわけです。

2皿を考えるとき、こんなふうに「これを食べて、次にこれを食べると絶対においしい」とか、「何か違うかな」とか、自分の中でイメージしてみることが大事です。順番に食べたり、一緒に口の中に入った状態を想像してみる。こういう感性は、使えば使うほど磨かれていきます。

そして何度でもいいたいことですが、色が大事。黄色いごはんの相手だから、揚げ豚と一緒に赤、黄、緑の夏野菜を揚げて、カラフルなお料理に仕立てる。色のバランスが、味のバランスでもあります。

ちなみに揚げ豚は塩と山椒をからめてもいいし、しょうゆと豆板醤（トウバンジャン）をからめてもいいし、カレー粉としょうゆでもいいし、味つけはいかようにも。野菜も彩りを考えて、どうぞご自分でアレンジしてください。自分流に作ることができると、途端にお料理をすることが楽しくなります。

豚肉のタイム焼きとピタブレッド

緑色のファラフェル

緑色のファラフェル

「秋近い時期の豆で作るのがおいしい。
辛くてスパイシーなソースでどうぞ」

●約4人分
そら豆　30粒ぐらい
枝豆(ゆでてさやから出して)　1カップ弱
```
   ┌ 香菜の葉のみじん切り　3本分
A │ イタリアンパセリのみじん切り、
   └ 　にんにくのみじん切り、塩　各少々
```
小麦粉、卵白、パン粉(細かくひく)、揚げ油
　各適量
〈ソース〉
```
┌ プレーンヨーグルト(無糖)　1カップ
│ にんにくのすりおろし　1片分
│ レモン汁　1/2個分
│ 香菜の茎のみじん切り　3本分
│ 青とうがらしのみじん切り　1/2本分
│ クミンパウダー、ターメリック、塩、ライムの搾り汁
└ 　各適量
```

❶そら豆は薄皮をむいて軟らかくゆでる。枝豆は塩ゆでして豆をさやから取り出す(薄皮はつけたままでもよい)。一緒にフードプロセッサーにかけて、粒感が少し残る程度にすりつぶす。

❷①にAを混ぜて、12等分ぐらいの団子状にまとめる。

❸②に小麦粉、卵白、パン粉の順に薄く衣をつけて、中温に熱した揚げ油に入れ、転がしながら揚げる。全体がうっすらと色づく程度で油から引き上げる。

❹ソースの材料を混ぜ合わせ、ファラフェルに添える。

豚肉のタイム焼きとピタブレッド

「香りのよい豚肉を、
ファラフェルやソースと一緒に
ピタブレッドにはさんでかぶりつく!」

●約4人分
豚肩ロース薄切り肉　4枚
ドライタイム　たっぷり
塩、こしょう　各適量
にんにく(つぶしたもの)　2片分
オリーブオイル　適量
フリルレタス、紫玉ねぎ(スライス)、ミント、ピクルス
　各適量
〈ピタブレッド〉
```
┌ 強力粉、薄力粉　各2/3カップ
│ ドライイースト　5gぐらい
└ 水　適量
```
打ち粉、オリーブオイル(ピタブレッド用)　各適量

❶バットにドライのタイムをたっぷり敷き、塩、こしょうをふって豚肉をのせる。肉の上にも塩、こしょうをふり、つぶしたにんにくをまぶして、タイムをたっぷり散らす。

❷ピタブレッドの生地を作る。強力粉と薄力粉をボウルに合わせ、イーストを加えて混ぜる。水を少しずつ加えて生地がまとまってきたら、台に軽く打ちつけたり、こねたりして生地をなめらかにする。ボウルにラップをかけ、常温に1時間ほどおいて発酵させる。

❸②の生地を4等分にしてちぎり、打ち粉をして麺棒で丸くのばす。

❹フライパンにオリーブオイルをひいて、①の肉を焼く。途中でオイルを足しながら、両面をこんがりと焼き上げる。器に盛り、野菜(フリルレタスや紫玉ねぎ)、ミント、ピクルスを添える。

❺小さめのフライパンにオリーブオイルをたっぷりめにひき、③のピタブレッドを1枚ずつ、両面をキツネ色に焼く。肉の皿に添える。

中東風のそら豆のコロッケは、
夏の終わりの日本のそら豆で作りたいのです。

　ファラフェルは中東でよく食べられている、そら豆のコロッケ。本来は乾燥のそら豆を使うので、茶色っぽい色です。でも日本で作るなら、グリーンの生のそら豆を使いたいな、と思って。それも夏の終わり、秋近くなってきた時期の、少し白茶けたところもあるそら豆や枝豆で作るのがいいんです。

　みずみずしさがなくなって、ポソッとした食感になった豆で作るファラフェルのほうが断然おいしい。逆に初夏の出はじめのそら豆だと、水分が多くて豆の身が詰まっていないので、ファラフェルには向かないです。どんな野菜にも、旬が過ぎたような野菜にも、おいしい食べ方があるのですね。

　ファラフェルの中に香菜の刻んだ葉を入れますが、残った香菜の茎はヨーグルトのソースの中に入れればむだなし。香菜好きに喜ばれます。

　タイムをたっぷりまぶした豚肉のソテーと生野菜、ピタブレッドという組み合わせは、それぞれを食べてもいいけれど……。ピタブレッドの中にお肉も野菜も、ファラフェルもつぶして入れて、スパイシーなヨーグルトのソースをダーッとかけて、ピタブレッドではさんで食べる。かぶりつく。それが最高なのです。

　日本ではあまり中東の料理を食べさせるところがないですが、ロンドンにはたくさんあります。金融の街だから、それでビジネスで成功している中東の人たちが多いのでしょう。彼らでにぎわっているレストランは、とてもおいしいです。

　そういう店で食べた料理が、日本でも恋しくなって、そうなると自分で作るしかないわけです。ちょっと変わった料理を自分で作るのは楽しいし、意外にむずかしくありません。それになにより、人を招いたときにとても好評。夏の終わりにみんなで集まるときにいかがですか。

焼きなすと薬味たっぷりのそうめん

鯵と新ごぼうのつみれ揚げ

鯵と新ごぼうのつみれ揚げ

「野菜いっぱいのつみれこそ、
そうめんと好相性」

●約4人分
〈鯵のすり身〉
┌ 鯵(3枚おろし)　正味400g
│　卵　小1個(大の場合は1/2個)
└ 片栗粉　大さじ2
新ごぼう　1本
新れんこん　小1本(大1/2本)
にんじん　1/2本
青じそ　24〜30枚(大きければ12〜15枚)
片栗粉　適量
揚げ油　適量
〈辛子じょうゆ〉
　溶き辛子・しょうゆ　各適量

❶ごぼうはタワシで洗い、皮つきのまま大きめのささがきにして、酢水(材料外)に5分ほどつける。れんこんは皮をむき、縦に3〜4等分に切ってから薄切りにして、酢水(材料外)に5分ほどつける。にんじんは皮をむき、大きめのささがきにする。

❷フードプロセッサーに鯵の3枚おろしを皮つきのまま入れて、卵、片栗粉を加え、すり身を作る。

❸②をボウルに移し、水気をきった①の野菜を加えてざっくり混ぜる。

❹③を12〜15等分の小判形にまとめ、表裏にしそをつけて、片栗粉少々をまぶす。

❺175℃ぐらいに熱した揚げ油で、つみれをゆっくり揚げる。途中で上下を返し、表面がカリカリになるまで時間をかけて揚げる。辛子じょうゆをつけていただく。

焼きなすと薬味たっぷりのそうめん

「香味野菜と焼きなすで、
風味滋味ある夏の一品に」

●約4人分
そうめん　2〜3束
なす　4本
きゅうり　2本
みょうが　3〜4個
青ねぎ　適量
しょうが　1片
白煎りごま(半ずり)　適量
〈めんつゆ〉
┌ 昆布とかつお節のだし　2カップ
│　みりん　70mℓ
│　しょうゆ　70mℓ
└ 塩　小さじ1/2

❶つゆの材料は鍋に入れて煮立て、冷ます。

❷みょうが、青ねぎはそれぞれ小口に切り、水に放っておく。きゅうりも小口に切り、塩もみ(材料外)する。しょうがは皮をむき、すりおろす。

❸熱した焼き網になすをのせ、向きを変えながら、皮全体に焦げ目がつくまで焼く。中まで火が通り、軟らかくなったら網からおろす。おしりのほうから竹串を入れて皮をむいてヘタを切り落とし、粗熱がとれたら竹串で食べやすく裂く。

❹鍋にたっぷりの湯を沸かし、そうめんを入れて菜箸でかき混ぜる。沸騰してきたらさし水をし、再び沸騰したらザルに上げて、流水でもみ洗いしてキュッと締める。

❺水気をきったそうめんを器に盛り、焼きなすをのせ、水気をきった薬味をたっぷりと上にのせる。つゆを適量かけ(味が濃いので、つけつゆのように)、しょうがを天盛りにして、白ごまをたっぷりかける。

夏は毎日のように焼きなす。そうめんの具にも。
おかずは、ごぼうのつみれ揚げが定番。

焼きなすが好きで、夏になると毎日のように食べています。

しょうがじょうゆをかけてシンプルに食べるのも好きですし、焼きなすのお味噌汁もおいしい。ひとりでも、なす1本を焼き網の上にのせておけばいいのだからラクです。焼いているときの、焚き火みたいな香りも好き。

焼きなすは熱いからといって水にとると、水っぽくなっておいしくない。熱いうちにおしりのほうから竹串を入れてスーッと皮をむき、ヘタのところで切り落とします。実を切るのも包丁ではなく、竹串で裂くようにしたほうがなんだかおいしいのです。

暑かった日、夕食に誰かが来るときは、そうめんもいいですよね。薬味たっぷりはもちろんのこと、焼きなすをのせるとボリュームが増して、人にも出せるひと品になります。

そうめんを食べるときって、おかずに何を食べたらいいかわからなくないですか？ わが家ではつみれ揚げが定番。鯵がベースですが、私はごぼう天を食べたくて、これを作っている感じです。なので、たくさんのごぼうのつなぎとして、魚のすり身が入るイメージ。れんこんやにんじんを入れなくても、ごぼうだけで作ってもOKです。

すり身は、3枚におろした鯵を皮つきのままフードプロセッサーに入れて、卵と片栗粉を加えて攪拌するだけ。とても簡単です。食べてもわからないけれど、実は魚の皮も小骨も入っているので健康的。

塩分を入れないので、たねをあらかじめ作っておいても水気が出ず、食べる直前に揚げられます。家で作る練り物は添加物も入らず、新鮮な油で揚げられるからヘルシーです。揚げたては、それはもう格別なおいしさで、ビールや冷酒によく合います。

蒸しなすと蒸し豚の辛いソース

香菜ビーフン

香菜ビーフン

「香菜とお酢だけで
こちらはすごくさっぱりと」

●4人分
ビーフン(乾燥)　100g
香菜　好きなだけ
太白ごま油　大さじ2ぐらい
ヌクマムまたはナンプラー　大さじ1/2ぐらい
「蒸しなすと蒸し豚の辛いソース」でできた豚の蒸し汁、
　米酢　各適量
すだち(またはライム)　4個

❶ビーフンはぬるま湯で硬めにもどし、食べやすい長
さに切っておく。香菜は食べやすくちぎっておく。

❷中華鍋かフライパンにごま油をひき、ビーフンを入
れてほぐしながら炒める。ある程度時間をかけて、ビ
ーフンの水分を飛ばすように、ほぐしながらよく炒め
る。

❸ヌクマムを加えて、ほぐしながら炒める。透き通っ
てきたらできあがり。さらに焦げ目がつくらいに焼
いても美味。

❹器に盛り、香菜を好きなだけのせてすだちを搾り、
豚の蒸し汁や酢をかけていただく。

蒸しなすと蒸し豚の辛いソース

「秋なす、酒塩(さかじお)蒸しの豚肉で
ヘルシーなだけじゃない蒸し物を」

●4人分
なす　4本
豚バラかたまり肉　500g
塩　大さじ1
酒　1/2カップ
ミョウバン　適量
〈辛いソース〉
A ┌ にんにく　2片
　│ しょうが　1片
　│ 香菜の根っこ　3本分
　└ 赤とうがらし　2本
B ┌ 実山椒のしょうゆ漬け　大さじ1
　└ 豆豉(トウチー)　小さじ2
ごま油　大さじ2〜3
塩、しょうゆ　各適量

※好みでソースに長ねぎのみじん切りを加えてもおい
しい。

❶豚バラ肉は塩をよくすり込みファスナーつき保存袋
に入れて、冷蔵庫にひと晩おく。

❷中華鍋に蒸すための湯を沸かす。

❸①を袋から出して塩を洗い落とし、バットに入れて
酒をふりかけ、セイロにのせて1時間から1時間半蒸す。

❹なすはヘタの根元あたりに包丁を軽く当て、ぐるり
と切り込みを入れて、ひらひらとした硬い部分をとる。
ヘタだけ残して皮をむき、ミョウバンを溶かした水に
浸してアクを抜く。

❺豚肉に竹串がスッと通るようになったら、網バット
に並べたなすを肉の上にのせ、ふたをして中火で約10
分、なすが軟らかくなるまで蒸す。

❻クロック(石のすり鉢)にAを入れてすりつぶす。次
にBを入れてすりつぶし、ごま油を入れてよく合わせ
る。味をみながら、塩かしょうゆで好みの味にととの
える。

❼熱いうちに、豚肉は薄く切る。なすはヘタを押さえ、
竹串で食べやすく裂く。器に盛り、辛いソースを添え
る。

※豚肉のうま味が出た蒸し汁を添えて、肉やなすをつ
けながら食べても。

秋なすと豚バラ肉の酒塩蒸し、白いビーフン。
秋の気配が漂いはじめた夜の大人の宴。

　夏から秋にかけてのなすは最高です。ほかの季節では味わえない美味。焼きなすもいいけれど、蒸しなすもまた違うおいしさなので、この時期に味わっておかないと。

　なすは皮をむいて、アク抜きをすることで、翡翠色に蒸し上がります。この色も魅力です。アク抜きはミョウバンなどの細かい粉を溶かしてトロンとした水分になすを浸すことで、アクを粉に吸着させる仕組み。必ずやってください。

　なすだけでは淡白なので、かたまりの豚バラ肉を一緒に蒸しましょう。豚肉は塩をすり込んで冷蔵庫にひと晩おき、これに酒をたっぷりふりかけて蒸します。豚肉にスッと串が通るようになったら、上に角ザルに並べたなすをのせて、蒸し器のふたをして蒸します。2段式のせいろがなくても、この方法で蒸せば、2つが同時に蒸し上がるわけです。

　豚肉にまぶした塩と酒、そして豚肉から落ちた脂やうま味が蒸気に混ざり、その蒸気でなすが蒸される……。おいしくないわけがありません。辛いソースをつけていただくと、なんともいえない深みのある味わいです。

　もうひと品はおなかにたまるものが欲しいので、ビーフンを。

　もどしたビーフンを油をひいた中華鍋やフライパンで、箸でほぐしながらよく炒めます。水分をよく飛ばして、鍋にはりつくぐらい炒めたほうがビーフンはおいしい。ヌクマム少々で味つけするだけのビーフンは半透明の白。ヨーロッパ式にグラスヌードル＝glass noodle と呼びたい、本当にきれいな白です。香菜をたっぷりのせて、お酢や豚の蒸し汁をかけていただきます。

　カラフルとは真逆の、色数の少ない静謐な2品の食卓。秋の始まり、大人の集まりの気分です。

初夏に、出盛りのすだちのゼリーを食べると

「ああ、心地いい」と感じます。

さっぱりとして、のどごしがよく、

体の中に涼しさを運んでくれるのです。

「おいしい」にはいろいろな要素があって、

「心地いい」も「きれい」も

「うれしい」も「楽しい」も

みんな、「おいしい」です。

果物、野菜、魚、旬の素材のいきいきとした感じ、

それもまた「おいしい」のあらわれです。

四季がめぐる喜びを感じ、

そのときどきに「心地よい」ものを作って食べる、

それ以外に私たちのしあわせはない気がします。

料理をしましょう。

技術や知識ではなく、自分の五感を使って

自分がおいしいと感じる料理を作りましょう。

レシピのアレンジ？ 大歓迎です。

自己中でよいのです。私の2皿をヒントに

どうぞご自分の料理を楽しんでください。

楽しんで作れば、必ずおいしい料理ができます。

それをひとりで、家族で、みんなで食べる。

しあわせとは、そんなシンプルなことなのです。

Recipe INDEX

有元葉子

ありもとようこ

専業主婦時代、3人の娘を育てるために作る料理が評判となり、
料理家の道へ。素材を生かしたシンプルでおいしい料理は
もちろんのこと、唯一無二のセンスや暮らしぶりや、
軽やかな人生を楽しむ生き方は、多くの女性の憧れの的。
イタリア中部にも家を構え、旅好きなことから、
世界の料理にも詳しい。本書は女性誌 éclat の
人気連載「この2皿さえあれば。」をまとめたもの。
大好評だった秋冬編に続く、第2弾。

www.arimotoyoko.com

有元葉子

私が食べたい季節の味

この2皿さえあれば。

2020年5月31日　第1刷発行
2021年4月6日　第2刷発行
著者　有元葉子

発行人　海老原美登里
発行　株式会社　集英社
　　　〒101-8050　東京都千代田区一ツ橋2-5-10
　　　電話（編集部）03・3230・6395
　　　　　（読者係）03・3230・6080
　　　　　（販売部）03・3230・6393［書店専用］

印刷　凸版印刷株式会社
製本　共同製本株式会社

©2020　Yoko Arimoto　Printed in Japan
ISBN978-4-08-790006-4　C2077

撮影／三木麻奈　中本浩平（No.9-10）（No.41-42）
　　　白根正治（No.11-12）　澤井秀夫（No.13-14）　今清水隆宏（No.45-46）
　　　竹内章雄（巻頭・日本分）（No.49-50）　日置武晴（No.51-52）
　　　池田匡克（巻頭巻末・イタリア分）
取材・文／白江亜古
アートディレクション＆デザイン／藤村雅史デザイン事務所